멋있게 좀 살자 우리

손현녕

멋있게 좀 살자 우리,

목차

너는 가련하지 않다. (上)
너는 가련하지 않다. (下)
3은 좋은데 3은 싫고
칼로 자르면 매듭은 풀리지
그래서 너 얼마 벌어?
나를 울력하는 것에 대한 자세
아픈 마음을 위하여
근본이 대체 뭐죠?
내 손에는 무기가 없어 (上)
내 손에는 무기가 없어 (下)
누구도 같이 가줄 수 없는 길
잘 안 되지? 무엇이든
어떤 무력감
그가 귓불을 만지는 이유
출발선에 선 너에게

열네 살, 우리 고모

내가 좋아하는 사람

수영장 할머니

오지라퍼의 소개팅 (上)

오지라퍼의 소개팅 (下)

꾸준한 무례함

돌다리를 어떻게 건너세요?

무엇을 고를 수 있나요?

고기도 먹어본 놈이 먹는다

공간은 그 주인을 닮는다.

아는 척을 해도 될까요?

공감대라는 게

너는 가련하지 않다. (上)

"현녕아, 너 생일에 우리 같이 밥 먹을까?"
"응 좋아. 그럼 내 생일이니까 밥 살게! 대신 나 먹고 싶은 거 먹어도 돼? 괜찮지?"
"응, 그래 고마워. 내년 생일에는 내가 꼭 시험 합격해서 소고기 사줄 거야. 기대해!"

생일마다 함께하는 사람은 달랐지만 여느 해와 비슷한 감격과 고마움으로 하루를 보냈다. 엄마 뱃속에서 힘겹게 세상에 나오던 순간은 도무지 기억나지 않지만 내가 이 세상에 나왔다는 핑계 삼아 일 년 중 그 하루만큼은 여느 날보다 행복하고 많이 웃었으면 했다. 고작 스물네 시간임에도 생일이라는 이유는 많은 것을 용서하게 하고, 남을 위해 베풀 수 있는 여유까지도 스스로에게 적선할 수 있었다. 생일은 이름만으로 친절과 부드러움을 가능하게 하는 힘이 있었다. 그런데 나는 그를 더 안아주지 못 했을까.

친구 성훈은 경찰을 꿈꿨다. 그렇지만 번번이 시험을 칠 때마다 아쉽게 떨어졌는데 한 문제 차이로 커트라인에서 떨어지거나 일차 시험은 합격했지만 이차 시험에서 미끄러져 상심하는 일들이 그랬다. 계속해서 반복되는 실패는 한 사람을 무너뜨리고 스스로를 작아지게 하는 데 충분하다. 그렇기에 마음을 단단히 부여잡고 직업을 구하는 일로서의 자신과 자아를 이루는 근본이 되는 자신 사이의 거리를 적절히 두고 '나'를 지켜야 하는 것이다.

그 거리를 지키는 일, 성훈은 적당히 그 선을 잘 지켰다. 거듭된 실패 속에서도 스스로를 원망하고 탓하지 않았다. 스스로를 바라보는 관점은 곧 타인을 대하는 관점이 된다. 그래서 성훈은 나를 탓하거나 원망하는 일이 없었다. 우리는 스스로를 대하듯 타인을 대하므로. 나는 그런 성훈에게 늘 호감이 있었다. 성훈 역시 같은 온도의 감정을 느꼈다는 것까지. 그것이 우리 관계의 시작이며 끝이었다. 긴 병에 효자가 없다는데, 긴 시험 준비에는 자아가 없어질 수 있다고 생각했다. 그만큼 오랜 수험생활은 스스로를 갉아먹기에 충분하니까. 비단 마음의 가난뿐 아니라, 주머니 사정이 여의치 않은 것은 당연한 이야기일 것이다.

그래서 성훈은 얼마나 고민했을까. 수중에 있는 적은 돈으로 좋아하는 여자에게 선물로 어떤 것을 해줄까 하고 말이다. 그런 고민 자체만으로도 스스로가 작다고 느끼진 않았을까. 성훈은 큰 백팩을 매고 약속 시간보다 5분쯤 늦어 허둥지둥 달려오고 있었다. 그 모습을 멀리서 바라보는데 그의 손에 든 것이 눈에 띄었고 그만 그것으로 나는 미소를 지을 수밖에 없었다.

노란색의 꽃다발. 나는 노란색을 가장 좋아한다. 그리고 프리지아 향기가 주는 싱그러움을 좋아한다. 성훈은 그것을 기억해 두었다가 오늘 프리지아 꽃다발을 준비했을 것이다. 그런데 겨울이라 프리지아 꽃을 파는 곳이 잘 없어 약속 시간에 늦었다고 했다. 그 쩔쩔매며 미안해하는 마음과 손에 들려있는 몇 송이 안 되는 그 프리지아 꽃다발의 감동이 내 인생에 과연 몇 번쯤 될 순수한 사랑일까 싶었다.

성훈과 함께 맛있는 음식을 먹고 싶었다. 비싸서 평소에는 잘 먹을 수 없지만 오늘 같은 날은 걱정 없이 행복을 나누고 싶어 가보고 싶었던 레스토랑으로 향했다. 돈은 있는 사람이 내면 그만이고, 내 생일이니까 그런 명분으로 공부하느라 힘든 성훈에게 보탬이 돼주고 싶었다.

질 좋은 고기와 친절한 서비스, 잔잔한 분위기와 그 안에서 우리가 소곤소곤 나누는 이야기들은 느슨하고 평온했다. 이런 사람과 함께라면 언제라도 연인이 되면 좋겠다고 생각을 했다. 연인이 됨에 있어서 무엇이 중요할까. 직업이나 연봉, 생김새 물론 갖추고 있으면 좋을 것들이다. 하지만 당장 무엇이 되지 않아도 꿈과 비전을 가지고 성실하게 자신의 삶에 책임을 다 하고 있다면 나는 괜찮

앉다. 그런데 그 이상 주저하는 마음에 대해서는 내 것이 아니라 오히려 상대가 스스로 가지는 자괴감 탓이니 내가 어쩔 도리는 없었다. 그렇지만 스스로를 미워하지 않기를, 스스로 가련해지지 않기를 바랄 뿐인 것이다.

 그런데 그가 스스로 가련해지는 길을 택한 것은 식사가 끝난 뒤에 일어난 일로 시작되었다. 우리는 기분 좋은 식사를 끝내고 계산을 기다렸다. 십만 원 쯤 되는 금액으로 안내를 받았고 나는 예상했다는 듯 기분 좋게 지갑을 꺼내려 가방에 손을 넣었다. 작은 가방 안에서 잡히는 것 없는 내 손은 휘적휘적 한참 허공을 갈랐다. 익숙한 가죽 촉감의 작은 카드지갑이 잡혀야 하는데 도통 손에 들지 않았다. 이번에는 가방 입을 벌려 고개를 숙이고 안을 쳐다보며 뒤적였다. 아무리 찾아도 지갑이 없었다.

 "어떡해, 성훈아. 나 지갑을 안 가져왔어.."
 "응? .. 어떡하지. 나 아까 꽃 산다구 .. 잠시만 일단 내 카드로 낼게. 여기요 카드."

순간 얼굴이 화끈해졌다. 두피까지 모두 붉어졌을 것이다. 그리고 성훈의 카드에 잔액이 없다면 그땐 어떻게 해야 할까, 그 상황은 어떻게 모면해야 할지 빠르게 머리를 돌려 보는데 아니나 다를까.

"손님, 죄송합니다. 카드에 잔액이 부족합니다."

성훈은 점원으로부터 돌려받은 카드 한 장에 원망과 자조를 담아 초점을 잃은 채 손끝을 응시하고 있었다. 계좌이체는 따로 어렵다고 하니 어떻게 해야 할까, 나는 이제 어떻게 해야 할까. 성훈의 저 가련한 마음을 어떻게 해야 할까. 아니, 성훈을 가련하게 보는 이 내 마음을 어떻게 해야 할까. 그 상황에 도망가고 싶었던 것은 성훈이 아니라 오히려 내가 아니었을까.

너는 가련하지 않다. (下)

　　　　　애써 눈을 마주치지 않으려 했다. 고개를 들고 성훈을 볼 수가 없었다. 성훈 역시 잔액이 부족한 카드를 돌려받고 카드의 모서리를 만지작거릴 뿐이었다. 이 숨 막히는 시간이 지체될수록 성훈이 느낄 자괴감이 더 커지지 않을까 염려되었다. 계좌 이체는 불가능하고 그렇다면 계산할 수 있는 건 성훈의 비어있는 저 카드뿐. 나는 성훈 옆으로 살며시 다가가 조심스럽게 그의 계좌를 물었다. 성훈의 카드에 계좌이체를 하고 그것으로 계산을 할 요량이었다.

"아, 응.. 신한은행 일, 일, 공, 칠, 삼, 이, 공 .."

숫자를 하나하나 짚어가며 알려주는 성훈의 목소리는 또 어찌 그리 애처롭게 들리는지 될 수만 있다면 땅으로 꺼지거나 연기처럼 사라지고 싶을 정도로 민망한 상황이었다. 아니, 사람이 살다 보면 그런 일도 있는 거지. 우리는 왜 웃으면서 더욱 아무 일도 아닌 양 할 수 없었을까. 예를 들어

"생일 밥 얻어먹으려고 일부러 지갑 안 가져왔는데 ~~~" 라거나
"아까 그 프리지아 꽃다발 50만 원짜리였어?! 그래서 카드에 돈이 없는 거지?!!"라거나.

멋쩍은 웃음으로라도 상황을 모면해 볼 수 있었는데 우리는 죄지은 사람처럼 둘 다 고개를 푹 숙이고는 겸연쩍게 계좌번호나 옮겨 적어야했다.

"성훈아, 이체했어. 들어왔어?.."
"응. 이걸로 계산할게... 저기 계산해 주세요."

어찌저찌 계산을 마치고 내 차로 돌아와 운전석 자리에 앉았는데 조수석 자리에 떨어져 있는 지갑

을 보니 헛웃음이 터져 나왔고 지갑을 주우며 성훈이 자리를 고쳐 앉았을 때 나는 연신 미안하다고, 난처하게 해서 정말 미안하다고 사과를 했다.

"이 지갑이 왜 여기 떨어졌지! 가방 들고 내릴 때 지갑만 떨어졌었나 봐. 내가 아주 멋있게 밥을 샀어야 했는데, 성훈아. 많이 난처했지. 정말 미안해."
"아니야, 괜찮아. 생일인데 내가 밥 사주지 못해서 미안하지. 빨리 합격해서 너 맛있는 거 많이 사주고 싶다."
"말만으로도 선물 받은 것 같네. 성훈아 고마워. 이제 집에 가자. 내일 아침에 일찍 학원가야 하지? 내가 저기 지하철역 앞까지 데려다줄게."

멋쩍은 일은 있었지만 걱정했던 것만큼 분위기가 어색하지 않았다. 사실 이렇게 잔잔하게 생일을 잘 마무리할 수 있을 줄 알았다. 아니, 코앞의 지하철역까지 데려다주고 차에서 성훈이 내리기만 하면 끝이라 어떤 일이 일어나기도 어려운 상황인데 그럼에도 또 일은 벌어지고 말았다. 지하철역 앞의 갓길에 잠시 차를 대고 작별 인사를 나누고 있는데 뒤에서 우회전하려는 차들이 빵빵 클랙슨을 울려댔다. 그래서 더 이야기 나눌 것도 없이 잘 가라는 인사를 대신하는데, 세상에 성훈의 가방에서 물이 뚝뚝 떨어지는 것 아닌가.

조수석 바닥이 젖는 건 고사하고 성훈이 가방을 열었을 때 두꺼운 책들까지 모조리 물에 젖어있었다. 알고 보니 성훈이 들고 다니는 물병 입구가 덜 닫혀 있었는데 그 물병이 가방 안에서 넘어지면서 조금씩 물이 새어나왔던 것이다. 뒤에서 차들은 빵빵거리고 옆에 앉은 성훈의 가방은 물에 다 젖어 책까지 너덜너덜해졌고, 다 괜찮은 것 같았지만 우리는 앞서 계산대에서부터 서로에게 미안함을 자꾸만 느꼈으니 '그냥 이건 서로가 불편한 것 아닐까, 우리는 정말 상황만 봐서도 너무 다른 궤도의 삶을 살고 있는 건 아닐까' 내 추측은 점점 확신으로 바뀌어 갔다.

물에 젖은 책과 가방을 애써 웃어 보이면서 어깨에 둘러메고 차에서 내리는 그 모습이 왠지 마지막이 될 것만 같은 기분이 들었다. 그래, 아마 오늘

만의 일은 아니었을 거다. 만나서 뭘 하든 성훈은 아무렇지 않은데 나 혼자 마음이 앞서서 돈을 내려고 했고 혹시 성훈이 부담을 느낄까 돈이 들거나 시간이 드는 일 앞에서 절절매는 것은 나였다.

순대국밥 한 그릇 함께 먹어도 화장실 다녀오는 척 미리 계산해 두고, 공부하는데 체력 아끼라고 집 앞까지 차로 데려다주는 것도 오롯이 내가 선택한 것이지 성훈이 바란 것은 아니었다. 그런 식의 배려가 성훈에게 동정과 연민으로 느껴졌을까. 그를 가련하게 만들어버린 것은 오히려 내 가련하고 부족한 마음이 아니었을까. 어쩐지 그날 이후로 우리는 예견이나 된 일처럼 만나지 않았다.

내 삶을 대하는 태도가 바로 상대방을 바라보는 기준이 된다는 걸 기억해야 한다. 나는 오랫동안 꿈을 이루기 위해 시험 준비를 하면서 자괴감과 자기연민에 빠져 있었다. 누구 앞에서도 당당할 수 없었고 사회의 어느 곳에도 속하지 못 한다는 생각에 스스로를 많이 미워했었다. 그래서 세상을 따돌리고 갇혀 지내면서 자꾸만 내 마음 밖에 벽을 세우기 바빴던 것이다. 하지만 내가 그러했기에 상대도 그럴 거라는 생각은 이렇게 위험하다는 것을 성훈을 보며 이해했다. 배려와 연민은 손바닥 뒤집듯 한 끗 차이인데 내 경험을 말미암아 상대를 이해한다는 것은 그 얼마나 만용인가.

그 시절 가련했던 것은 성훈이 아니라 내 마음이었다. 내 마음이 가난하니 상대의 곳간까지 걱정하는 오지랖을 범했다. 아마 어쩔 줄 몰라 하며 불편한 기색은 나에게서 팍팍 티가 났을 것이다. 그 아이를 더 작아지게 만든 것에 내가 일조했을 거라 생각하니 미안한 마음이 크다. 다시 만난다면 그리고 또는 이 글을 읽고 있다면 꼭 마음에 전해져 닿기를 바란다. 그 시절 너는 가련하지 않았다고. 너의 삶을 열심히 걸었을 뿐이라고.

3은 좋은데 3은 싫고

      한국 사람이 가장 좋아하는 숫자는 3이라는데 평소 입버릇처럼 '삼세판은 해야지!' 자주 말하는 나는 3이 좋으면서도 3이 싫다. 세 번의 기회, 세 번의 가위바위보, 세 번째 자리, 찰칵- 사진 찍기 전의 3초. 엄마한테 혼나기 전 마지막 기회 하나, 둘, 셋. 우리 안에는 너그러운 세 번이 많기도 많다.

  그런데 나는 정작 3이 세 명이 되면 불편하다. 여섯 살의 나는 좋아하는 민경이와 단둘이 놀고 싶었다. 민경이에게 내가 좋아하는 인형을 주고 민경이는 나에게 자기가 아끼는 스티커를 줬다. 내가 민경이랑 공유하는 우리만의 세계는 다른 누구와 공유하기 어렵다고 느꼈다. 마음의 크기가 비슷한 두 사람끼리 시소를 마주하여 타고 있으면 오래도록 수평을 유지할 수 있으니까 누가 끼어들어 우리 마음이 분산되는 것이 싫었다.

애정결핍일까? 양육자와의 애착 형성이 안정적으로 발달하지 못하면 그럴 수 있다는데 아니 대체 우리 엄마는 나를 어떻게 키운 거야 버럭 화가 치솟다가도 이것은 엄마의 문제가 아니라고 나라는 인간의 생겨 먹은 모양을 가만히 보고 있자니 나의 타고난 기질이 너무도 사람을 향하여 있고, 내가 좋아하는 것들은 끔찍하고 지독하게도 가지고야 마는 성미가 있어 그런가 하고 이해해 보려 애쓴다. 어쨌든 사랑하는 것을 독차지 하고 싶은 나는 3이 싫다.

'3 싫어하기'는 범위를 넓혀 홀수를 싫어하게 만든다. 꼭 나머지 하나는 짝 없이 깍두기가 되어야 하니까. 그 하나 남는 것을 지켜보기 싫었다. 그래서 나는 고속버스만 보면 괜히 마음이 울렁거리는 걸까. 둘씩 짝지어 앉는 고속버스 좌석을 보면 함께 하는 친구 없이 혼자 앉아 수학여행을 떠나는 기억 속의 어떤 아이까지 불러온다. 홀수는 외로운 숫자라고 그래서 혼자인 나는 나를 견디지 못 하고, 어째서 내 마음은 자꾸만 타인을 향하는 것일까.

    3을 좋아하게 되면 셋이어도 괜찮은 내가 될까. 많은 것으로부터 초연해지는 때가 오면 나는 셋이어도 불안하지 않을 수 있을까. 홀수를 사랑하고 혼자인 내가 마음에 들면 그때는 셋이어도 다섯이어도 아홉이어도 괜찮을 수 있을까 하고 생각한다. 그리고 내가 좋아하는 이들이 모두 모여 친구가 되는 날들을 상상한다. 내가 좋아하는 진환과 내가 좋아하는 수지. 내가 좋아하는 예슬과 내가 좋아하는 효선 그리고 누구누구누구.

    혼자여도 한 줄기 가느다란 줄기같이 가볍고 산뜻하여 좋고, 둘이면 얽히고설켜 따뜻하게 서로만 감싸 안아 좋고, 그리고 셋이면 물기 하나 없이 푸석하여 등 기댈 곳 없을 때 둘씩이나 양손을 맞잡아 줄 이들이 있어 좋다. 하나, 둘, 셋 셀 것도 없이 이래도 좋고 저래도 좋은 삶이 어디쯤 오고 있을까.

칼로 자르면 매듭은 풀리지

엉킨 실 뭉텅이를 풀기 위해 처음에는 그 실의 머리부터 찾았다. 머리는 찾았어도 실의 목과 허리를 이어서 꼬리까지 가는 길에 다른 실이 매듭을 지어 놓아주질 않았다. 답답한 마음에 머리만 잡고 쭈욱- 당기면 매듭은 더 단단해질 뿐 영영 풀 수가 없게 되었다. 그때 누가 지나가는 말로 그런다.

"칼로 자르면 매듭이 풀려버리지."

'미련하게 부여잡지 말라. 단칼에 끊어버려라. 그래도 괜찮다. 그것이 오히려 다시 시작하는 길이다.' 칼로 자르면 매듭이 풀려버린다는 단순한 말 속에 내 입맛대로 부여한 의미가 이렇게 많았다. 삶을 살아가는 일이란 어쩌면 매일 내 집 앞에 도착한 엉킨 실 뭉텅이를 푸는 일은 아닐지, 실 뭉텅이를 푸는 과정과 방법이란 우리 모두가 달라서 그것을 학교에서 배운 대로 하는 사람과 자기 방식대로 경험 속에서 터득한 요령을 쓰는 사람, 애초에 내가 이 실 뭉텅이를 왜 풀어야 하냐며 구석에 쌓아두는 사람이 있는가 하면, 실 뭉텅이를 가져와 라이터로 불을 질러 활활 태워 없애버리는 사람, 돈을 써서 사람을 구해 대신 시키는 사람. 이것은 우리 주변에서 익히 볼 수 있는 다양한 인간의 군상들.

내가 실의 머리를 잡고 목과 허리를 더듬으며 매듭 속에서 꼬리를 찾아가는 과정은 이게 잘 안 될 걸 알면서도 사람에게 거는 기대와 희망 같은 것과 같았다. 사람에게 얼마나 기대를 하는가, 이 사람에게 실망했다면 어디까지 다시 기회를 줄 수 있는가. 그것의 문제였다. 살면서 마주친 어떤 이들은 나에게 그런 도전 의식을 자주 불러일으켰다. '이거 아닌데, 얘 이러면 안 되는데. 왜 이럴까? 이 친구 왜 이렇게 무례하지? 나라면 이렇게 안 할 것 같은데.' 우리 사이에 엉킨 실뭉치를 풀어가려는데 턱- 턱- 매듭이 다음을 풀어주질 않는다.

"나는 속으로 카운팅을 해. 서너 번 정도 상대에게 기회를 주다가 내 한계에 이르렀다 싶으면 하루 날 잡아서 모든 걸 쏟아내 이야기하고 그 자리에서 손절해버려. 상대방 이야기를 들을 필요도 없더라. 왜냐면 나는 끝을 정해두고 이야기하는 거니까."

혜진은 격앙된 목소리로 이야기를 했다. 이건 마치 칼로 매듭을 자르는 사람들의 이야기 같았는데 머리 실과 꼬리 실을 찾아 엉킨 실을 풀어 형태를 보전하는 것이 맞을지, 혜진의 말처럼 풀어봤자 다시 엮이지 못할 실일 바에 당장 칼로 끊어버리고 매듭을 풀어내는 것이 맞을지 어느 쪽에도 정답은 없다.

그럼에도 나는 혜진의 말이 괜히 아프고 차가웠다. 어떤 실뭉치를 받더라도 실이 모두 풀렸을 때 잘리지 않은 실들은 또 다른 기회를 얻을 수 있지 않을까 생각했다. 칼에 잘려 두 동강 난 실 뭉텅이를 보고 있을 자신이 없다. 사람 사이에도 그런 여지가 있었으면 하고 바란다. 나는 여지가 많은 사람이고 싶고, 그런 여유와 여지가 있는 사람들이 내 주변에 많았으면 좋겠다. 칼로 자르면 매듭은 풀리지만 다시 예쁜 매듭을 지을 수는 없다는 걸 알았으면, 시간이 걸려도 둘이 앉아 같이 매듭을 풀 수 있는 사람이고 싶다.

그래서 너 얼마 벌어?

(특정 직업을 비하하거나 일반화하려는 의도가 전혀 없습니다.)

"현녕아, 너 한 달에 얼마 벌어? 아니, 너 고정적으로 한 달에 버는 금액이 얼마 정도야?"

기가 막힌 질문이었다. 어이가 없는 나머지 헛웃음이 피식 났다. 부모님도 내가 다 큰 성인이라 직접적으로 묻지 않는 질문을 고작 두세 번 만남에 하다니, 그 용기와 무식이 가상하다고 해야 할까. 창훈은 경찰공무원이다. 경찰이 된 지 7년 차, 국민의 안전을 위해 밤낮없이 발로 뛰고 몸으로 부딪히며 언제나 열심인 그는 이제 남은 인생의 목표가 결혼이라고 했다.

거기서부터 우리는 다른 색깔의 사람들이었다. 인생의 목표가 어찌 결혼이 될 수 있냐고 나는 이야기했다. '분명히 선후 관계가 다른 거라고, 나를 인생의 중심에 두고 하루하루 행복하고 열심히 지내다 좋은 사람을 만나 관계를 잘 쌓다가 평생 함께하고 싶을 때 하는 것이 결혼 아니냐'라고 나는 말했다. 그런데 창훈은 안정적인 삶을 꾸려가고 싶고 그런 동반자를 만나기 위해 사람을 찾아 나서야 하는 거라고 했다. 여기에는 어느 쪽도 정답이 없지만 나의 가치관에서 창훈의 말은 마치 결혼이 사업 번창을 위해 직원 뽑는 일처럼 느껴져 썩 유쾌하지 않았다. 하지만 괜찮다. 그건 창훈의 가치관이니까. 무엇보다 그는 나에게 그것을 강요하지 않았으니까 고로 괜찮았다.

그런데 우리 만남이 여러 번 거듭될수록 그는 자신의 가치관에 나의 모든 면모들을 이리저리 재고 대보더니 결국에야 다듬어지지 못한 날 것의 말을 민망하게 입 밖으로 내던져 버린 것이다.

"얼마 버냐고? 지금 그걸 물은 거야?"

"응, 현녕아, 너 고정적으로 얼마 벌어?

"아니, 잠깐만. 지금 이거 너무 무례한 거 아니야?"

"왜~ 물을 수도 있지. 사실 나는 같은 공무원이랑 결혼하는 게 꿈이거든. 안정적인 삶이 될 것 같아. 내가 그리는 미래는 그런데. 그건 그거고. 너 만나면서 호감을 많이 느끼는데. 너도 안정적이었으면 하는 마음에 작가는 얼마를 버는지 그런 걸 모르니까 물어보는 거야."

'공무원과 결혼하는 것이 꿈이면 공무원을 만나러 달려가세요. 공무원이 아닌 저는 이만-' 이라 말하고 따라오지 못 하게 누구보다 빠르게 도망을 가고 싶었다. 그래도 나는 자비로운 사람이니까. 그리고 그 자비를 베풀어 그도 그럴 수 있겠다고 억지 이해를 하면서 그날의 그 질문은 그냥 그런대로 흘려 넘겨 버렸다. 그런데 이 눈치 없는 아이는 결국 알아내야겠다 싶었는지 술이 적잖이 들어가자 그 다음 만남에서 또 내가 버는 돈에 대해 묻기 시작했다.

"아니, 나느은 그냥. 나 소올직히 여경이랑 결혼

하는 게에 참 바랐던 건데에. 근데 혁녕아 나느은 니가 좋다? 근데 안정적인 거. 그게에 나 필요해애."

이 자식이 저번에 그렇게 무례하다고 주의를 줬건만 또 시작이구나. 깃털만큼 남아있던 호감일랑 콧김 한 번에 날아가 버렸고 나는 살짝 이성을 일부러 잃어버린 채 이야기를 시작했다.

"야, 김창훈"
"어엉?"
"야, 마 니 한 달에 얼마 버노?" (흥분하면 사투리 나옴)

조금의 우스운 포인트. 그는 이 질문을 기다렸다는 듯이 수리 술술 월급과 연봉을 이야기했다. 안 물어봐 줬으면 서운해서 미련 남아 집에는 들어갔겠나 싶을 수준이었다.

"나, 월급은 OOO만원 정도 되고 연봉은 O천만원?"
"아 맞나, 나는 뭐 공무원 안 해봐서 호봉 체계도

잘 모르고 그 금액이 큰 건지 작은 건지도 모르겠는데. 그래서 지금 니는 내가 얼마를 버는지, 고정적으로 한 달에 버는 금액이 얼만지 그게 궁금한 거제?"

"으응"

"진짜 듣고 싶나"

"응"

창훈은 내가 아주 상세하고 솔직하게 들려주는 수입원과 액수를 들었다. 그리고 그는 말했다.

"근데 현녕아, 나는 지금 버는 돈에서 더 내려갈 일이 없어. 앞으로 더 이 금액에서 올라갈 일만 남았지."

나에게 더 이상의 인내란 없었다. 할 말은 해야겠더라. 아니, 왠지 내가 공무원이 아니라는 이유로, 월급쟁이가 아니라는 이유만으로 무시당하는 것 같은 기분이 들어서 그랬다. 이것도 자격지심이라면 할 말 없지만 그 자리에서 떠오르는 민망하겠지만 나도 내던져버리고 싶은 말이 있었다.

"창훈아. (한숨 쉬고) 우리 좀 멋있게 살자. 이게 뭐냐 대체."

"뭐가?"

"빨리 결혼하고 싶다고? 그리고 화목하게 살고 싶다는 거제? 그러면 니가 봐야 할 건 상대가 공무원인지 아닌지, 한 달에 얼마를 버는 지가 아니라 이 여자가 얼마나 지혜로운지, 이 여자의 가치관은 어떤지, 그게 나랑 잘 맞는지, 이 여자가 한 아이의 엄마로서 좋은 엄마가 될 수 있는지, 가정을 꾸리고 살아갈 때에 얼마나 상대를 이해하고 맞춰가며 양보할 수 있는지. 이런 걸 봐야 되는 거 아니가? 애가 나이 먹을 만큼 먹고 왜 이렇게 멋이 없노 대체. 참~ 답답하네~ 쫌! 인마. 멋있게 좀 살자 우리."

나는 오십 대 아저씨로 빙의되어 창훈을 훈계해 버렸고 하고픈 말을 다 뱉자마자 이 말을 주워 담을 수 없음에 조금은 겁도 나고 미안해서 눈치를 보고 있었다. 그런데 예상을 뛰어넘은 창훈은 내 말에 대한 답으로 "멋있게 사는 게 뭔데?.." 라는 말로 나의 뒤통수가 뜨겁게 만들었다.

우리는 같은 지구에 살고 같은 공기를 마시고

같은 땅을 밟고 있다. 심지어 이 좁은 대한민국에 살면서도 애초에 다른 세상을 살고 있는 듯한 사람이 있다. 세상을 바라보는 시각부터가 다른 것이다. 그러니 생각하는 것, 추구하는 것, 만나는 사람들의 색깔, 취향 그 모든 것들이 달라진다. 내가 창훈에게 말한 멋에 대한 이야기가 오히려 창훈이 사는 세상에서는 멋없고 겉멋만 들어있는 대책 없는 삶일 수도 있다. 현실보다 이상을 좇는 바보라고 할지도 모른다. 그리고 당장 먹고 살 '돈', 노년을 책임질 '노후', '연금', 웬만해선 잘리지 않는 '공무원 월급' 그런 것이 멋이라고 할 수도 있다.

나는 그렇다. 당장 먹고 사는 것 중요하다. 그게 가장 먼저다. 혼자일 때는 나 혼자 1인분만 잘 먹고 잘 살면 된다. 그런데 어떤 이와 함께 하고 싶다면 얼마나 많이 먹고 살 수 있는가 말고 누구와 어떻게 먹고 살 것인지에 대해 생각을 더 했으면 좋겠다. 눈에 잡히고 숫자로 세어지는 것 말고 그것보다 더 귀한 가치로 쉽게 변하지 않는 가치를 추구하면 좋겠다. 멋있게 살자. 부끄럽지 않게, 여유 있게. 그렇게 좀 멋있게 살자.

나를 울력하는 것에 대한 자세

나는 행복한 사람이지만 언제나 변함없이 행복한 사람은 아니다. 드문드문 찾아드는 우울과 불안에 우산 없이 맞는 소나기처럼 흠뻑 젖어드는 날이 있고, 누구 하나 날 찾는 사람 없이 천애 고아처럼 외로움을 느끼는 날도 있다. 지금까지 해온 일들은 모두 헛수고처럼 느껴지는 날이 있고, 지독한 자기검열에 스스로 견디지 못 하고 홀연히 사라지고 싶은 날도 있다. 그럴 때마다 나는 내가 얼마나 스스로 행복해질 수 있는 사람인지 일깨워주어야 한다. 그것은 내가 나로 살아가는 동안 마땅히 해야 할 의무이자 최소한의 도리인 것이다. 그래서 그 비장의 무기를 찾기 위해 내 삶을 즐겁고 행복하게 만드는 것들에 대해 마구잡이로 떠올려 본다.

샤워하면서 노래를 흥얼거리기, 책을 읽다가 나도 모르게 스르르 잠이 드는 일, 주말 오전 늦게까지 늦잠을 자는 일, 사랑하는 사람의 눈썹을 쓰다듬는 일, 아빠와 엉터리 중국어로 대화를 나누는 일, 영화의 엔딩크레딧을 끝까지 보는 일, 운전하면서 노래 따라 부르기, 내 요리를 사랑하는 사람들에게 대접하는 일, 숨이 끝까지 차오를 때까지 달리는 일, 강아지의 발 냄새를 맡는 일, 낯선 지방의 음식을 맛보는 일, 좋아하는 책 구절을 외는 일, 다디단 과일의 과즙을 한가득 입에 머금는 일, 혼자 마신 술에 적당히 기분 좋게 술에 취해보는 일, 술술 글을 써 내려 가는 일, 밤늦은 시간 마트 구경하는 일, 체리를 먹고서 씨에 붙은 과육을 야금야금 뜯어 먹는 일, 옷장을 정리하며 추억에 가득한 옷을 다시 입어보는 일 등

슬플 적마다 하나씩만 해봐도 한 달은 버텨낼 수 있을 무기들이다. 만약 싸워서 이겨내야 하는 것이 삶이라면 살아온 세월만큼의 무기를 마음의 방

마다 저장해 두고서 적이 누구냐에 따라 그것을 휘둘러야 할 것이다. 휘두를 무기의 수가 많아진다는 것은 이길 수 있는 지혜가 늘었다는 것이지만 내어줄 방이 많아진다는 것은 질 줄 아는 여유가 늘었다는 것이다.

삶의 경험치가 아직은 부족하여 불안과 고독을 가슴으로 끌어안고 그것과 무기를 들고 싸우기에 급급하지만 언젠가는 그저 받아들이고 그것들에게마저 마음을 내어주는 사람이 되었으면 한다. 그저 흘러가는 것으로 그렇게 삶을 대하면 좋겠다. 봄날 흩날리는 꽃잎이 얼굴 위로, 머리카락 위로 스쳐 지나가도 아무 거리낌 없는 것처럼. 나를 울력하는 모든 것들을 그저 꽃잎처럼 받아들일 수 있다면 좋겠다.

삶은 이해하고 맞서는 것이 아닌 그저 그대로 두면 흘러가게 될 것이다. 그러니 잠시 멈추어 있다거나 우울이 나를 잠식하여 잡아먹히는 기분이 들 때에도 그것은 그것대로 내버려 둔다면 매년 돌아오는 축제처럼 삶은 나아질 것이라고 믿는다. 이런 마음을 계속해서 나 스스로에게 이야기 해주어야 하는 것이 내 목숨을 쥐고 있는 나의 의무이자 권리라면, 이 이야기를 앞이 보이지 않는 물속에 잠겨 있는 당신에게 해주어야 하는 것은 내리는 꽃잎을 함께 맞는 친구로서 당신이 삶을 포기하지 않았으면 하는 바람을 담아 마땅히 해주어야 할 선의이자 사랑인 것이다.

아픈 마음을 위하여

　　　　　　　우울은 만들어지기도 하지만 대개 타고나는 거라고도 한다. 내가 살아온 환경 또는 선택에 의해 만든 것이 아니라 그저 만들어진 채 태어난 것이다. 눈, 코, 입의 모양, 다리 길이와 손톱의 모양, 소화 기관의 기능까지 만들어진 채로 산다. 타고난 것에 의해 불편한 부분을 발견하고부터는 선택의 문제다. 부모나 조상을 원망하며 신세를 한탄할 것인지, 어쩔 수 없는 것을 받아들이고 나아가 어떻게 보완하며 살 것인가에 고민을 할 것인지 말이다.

　사실 나는 공황장애를 진단받고서 '내가 왜 공황장애를 앓을까?'에 대한 이유 찾기에 오랜 시간을 보냈다. '임용고시를 준비해서 그래. 시험 스트레스가 심했던 거지.' (임용고시 준비생들은 그럼 모두 공황장애를 앓는가? 아니다.) '어린 시절, 안정형 애착을 형성하지 못한 채 자란 이유 때문일 것이다.' (애착 형성을 잘 못한 사람들은 모두 공황장애를 앓는가? 그것 또한 아니다.) 의미 없는 이유 찾기의 시간이었다.

한발 더 나아가 물어야 할 것은 '왜 이유를 찾아야만 하는가?' 였다. 우리는 모든 일에 일일이 반응할 필요가 없다. 그 말은 불확실하고 결정되지 않은 것에 대해 불안할 필요가 없다는 말과도 같다. 나에게 일어나는 모든 일들에 재빨리 이유를 찾아 그 자리를 메워 넣지 않으면 그 비어있어 불확실한 순간을 견디지 못 하는 것이다. 비워둬도 괜찮다. 이유를 찾아 채워 넣기 급급한 것보다 왜 비워두려 하지 않는가에 대해 찾아보는 것이 나를 알기에 더 좋은 생각일지도 모른다.

이유를 찾는 일을 떠올리면 마치 한약방의 약재함이 떠오르는데 각각의 약재 이름이 한자로 쓰여

있고 저마다 함에는 그 약재만이 들어갈 수 있는 그 수백 개의 빽빽한 칸들이 '저것 아니면 안 돼.'라고 소리치는 꽉 막힌 마음과도 같은 것이다. 우리의 마음은 한의원 약재함처럼 1을 누르면 1이 나오는 것이 아니다. 1을 넣었는데 가끔 3이 튀어나오기도 하고, A를 넣었는데 G가 튀어나올 수도 있는 것이다.

적어도 나의 잘못으로 우울한 것이 아니다. 하지만 우울을 겪는 사람들은 최선을 다해 자신의 탓으로 돌리기 시작한다. '내가 조금만 더 잘했더라면, 내가 조금 더 참았더라면.' 그렇지 않다. 그렇게 했더라도 일어날 일은 일어나고 멀어질 것은 멀어지며 닿을 수 없는 것은 때에 따라 멀어지고 가까워진다. 그러니 우울과 큰 감정 기복의 타고난 기질을 인정하는 편이 좋다. 그리고 비껴나 있자. '내 탓 아닌데? 타고난 모습이 그렇다는 거지. 내가 인생을 잘못 살아서 우울해진 것도 아니고 오히려 몰랐기에 일어난 일들이 더 많았던 거야.'

아픈 마음은 나쁜 마음이 아니다. 아주 오래전부터 마음 좀 돌봐달라고 외쳐 온 스스로의 외침이 몸부림이 되어 드러난 것일 뿐이다. 그런 몸부림을 품에 안은 적이 있다. 내 품에 안겨 한참 울던 너에게서 오래전 울음으로 죽음을 참아내던 나를 보았다. 긴 말을 붙이지 못한 채 네가 사라지지 않았으면 오래 곁에 살아주었으면 하는 마음으로 한참을 놓아주지 못 했다.

 널뛰는 마음에서 한 걸음 물러나 가만히 관통하는 태풍을 관망하자. 지나갈 것은 지나가고 와버릴 것은 결국 코앞에서 인사한다. 받아들이는 마음을 내가 선택할 수 있고 그 선택은 행복과 불행을 내 손으로 결정하는 일임을 잊지 말자. 힘든 것과 함께 살아갈 수 있는 방법 중에 하나가 아닐까.

근본이 대체 뭐죠?

"현녕아, 너는 근본이 있어서 좋겠다."
"응? 뜬금없이 근본이라니?"

부러움을 사는 일이 잘 없는 삶에서 좀처럼 들어보기 힘든 '좋겠다'라는 말을 들었다. 이런 것까지 부러워할 수 있구나 싶은 '근본'에 대한 이야기. 우리는 '근본'에 대해 칭찬하려면 대체 어떤 부분을 두고 말해야 할까. "와! 너 되게 근본 있게 옷 입는다?"일까. "와, 너는 대단히 근본 있는 배려심을 가졌구나?" 아니면 "와, 너 정말 근본 있게 예쁘다?" 도무지 어색하여 와 닿지 않지만 한편으로 '기본이 되었구나. 밑바탕부터 잘 닦았구나.'의 뉘앙스는 아닐까

짐작을 했다.

"현녕이 너 지금 하는 일 있잖아. 그게 네 인생에 너무 뜬금없지 않잖아. 국어교육을 전공한 것이 지금 학교나 다른 곳에서 강연을 하고 글을 쓰는 것에 다 바탕이 되었잖아. 나는 근본이 없어. 근본이."

민우는 뒤늦게 가업을 이어 건축 일을 시작한 지 5년에 접어들었다. 건축디자인과 건설 현장에 나가 진두지휘를 하는 일까지 작은 건물을 짓고 완공시키는 데에 전반적인 일을 하면서도 견딜 수 없는 자격지심을 느끼고 있었다. 그는 화학공학과를 졸업했지만 그에 큰 뜻은 없었다. 그리고 여러 나라를 돌아다니며 자유를 누리는 것으로 삶에 최선을 다했다. 음악을 배우고 들려주면서, 그림을 그리고 보러 다니면서 내일이 없는 것처럼 살았다고 했다. 학위가 없고 정석으로 밟아오지 않은 코스에 대해 자격지심을 느꼈을까. 대학 과정부터 탄탄히 자기 분야를 공부하고 학위를 취득한 사람들에게서 받는 무시와 세상으로부터의 차별이 그의 입에서 '근본'을 찾게 만든 것일지도 모른다.

"민우 근데 너, 그 일한 지 벌써 5년 차 아니야? 물론 학위도 중요하지만 한 분야에서 열심히 실무로 쌓아 올리고 있는 그 경험치, 경력은 절대 무시 못 한다고 생각해. 네가 직접 현장에서 몸으로 부딪히며 겪고 배운 거잖아. 너 정말 잘 하고 있는데. 조금 늦고 방법이 달라도 지금 너만의 근본이 만들어진 것 같은데. 아냐?"

위로가 되었으면 하는 바람으로 던진 공수표가 아니었다. 실은 같은 결의 고민으로 마음이 아팠던 적이 많았던 터라 내가 듣고 싶었던 말을 민우에게 건네고 만 것이다. 나는 작가가 되고 나서 책을 파는 것만으로 생계를 유지할 수 없다는 것을 너무도 빨리 알아버렸다. (그래서 책을 개인적으로 구매해 주시는 분들에게 그 고마움을 이루 다 전할 수 없어 최대한 마음을 눌러 담아 '글을 쓸 수 있도록 책을 구매해 주셔서 감사하다'는 말을 꼭 전해드린다.)

상황이 그러할 때쯤, 주변 작가들이 글쓰기 수업을 하는 것을 보았다. 에세이 쓰기 수업이나 시 쓰는 수업, 또는 책 한 권을 만드는 독립출판 수업과 같은 것이었다. 독립출판부터 에세이 쓰기까지 모두 내가 해왔던 것들이고 나만의 노하우가 있으니 이런 수업을 만들어 보면 어떨까? 하면서도 이미 많은 작가들이 하고 있는 수업을 하는 것은 큰 차별점이 없지 않을까 하는 생각에 다른 고민을 하기 시작했다. 내가 가장 관심이 있는 분야. '내 마음, 이 어쩌지도 저쩌지도 못 하는 내 마음에 대한 고민'과 '글쓰기'를 접목시켜 보면 어떨까 하여 조심스레 '심리글쓰기'라는 프로그램을 만들게 된 것이다.

그 당시에도 상담을 꾸준히 받고 있은 지가 2년이 넘었고 워낙 마음에 관심이 많으니 관련 서적 역시 많이 훑어본 상태였다. 그렇게 많은 고민과 경험이 담겨 〈상처받은 내면아이를 위한 심리글쓰기〉라는 콘텐츠를 만들게 되었고 소수의 인원과 함께 어느덧 70여 회차를 넘게 진행하는 중이다. 여기서 이제 다시 근본에 대한 이야기가 나올 차례다.

'글쓰기' 분야에서는 근본이 있을지 몰라도 '심리' 분야에서는 누군가의 눈에는 근본 없는 녀석으로 비춰질 수 있었다. 가장 뼈아프게 겪은 일은 부산의 어느 고등학교에서 학부모님 대상으로 진행된 심리글쓰기 수업이었다. 20-30대 참가자분들과 또 다르게 40-50대 어머님들은 평생 누구의 아내, 누구의 엄마로만 지내다 본인 이름 석 자를 떠올리며 자신을 돌아볼 경험이 적으셔서 그런지 참 많이 우시기도, 감동받기도 하신다. 그런 서로에게 모두 만족스러운 수업이 끝이 나고 감사한 마음으로 강연료 입금을 기다리고 있었다. 그런데 뜬금없이 학교에서 전화가 왔다. 수업 전에 구두로 약속된 강연료를 못 주겠다는 것이다. 그 이유는 심리와 글쓰기에 관련된 자격증이나 학위가 없기 때문이라고 했다.

"작가님, 글쓰기 관련 자격증 있으세요?"
"아뇨. 글쓰기 관련 자격증도 있나요?"
"아, 그럼 심리 관련 자격증이나 대학원 박사 학위 있으세요?"
"아니요.."
"그럼, 약속된 금액의 절반 입금될 거예요. 저희 강연료 책정 규정이 그렇거든요. 죄송해요."
"아니, 그럼 사전에 말씀을 하셨어야죠. 사후에 이러시면 어떡하나요. 강연료가 적고 많고의 문제가 아니라 이런 태도에 너무 불쾌합니다. 그리고 정말 무례하시네요."

끝까지 나의 기분 나쁨에 대해 따져 물었지만 돌아온 것은 규정이 그러니 어쩔 수 없다는 말과 함께 약속된 금액에서 반토막이 되어 입금된 강연료였다. 그들의 불합리함에 대한 이야기는 차치하고 그때 나는 민우가 말한 그 '근본'이 생각났다. '아, 나 정말 근본 없는 사람이구나. 이 사회는 그 근본을 쯩! 자격쯩! 학위쯩! 으로 대신하는 거구나. 그걸로 수치화하고 계산을 하는 거구나. 그것만큼 가타부타 설명할 필요 없이 확실하고 객관적인 증거가 될 수 있으니. 그런 거구나.'

그날의 쓴맛은 아직도 정신을 얼얼하게 한다. 무엇이 옳다 그르다 할 수 없는 문제일 것이다. 근본이 있는가, 없는가. 내 삶의 근본은 무엇인가. 사회가 원하는 근본과 내가 생각하는 근본이 괴리는 어떻게 채울 것인가. 그 고민에 대한 답은 불행히 아직 찾지 못 했다. 여전히 이 글을 쓰면서도 쓰디쓰다. 근본, 근본이 대체 뭘까.

내 손에는 무기가 없어 (上)

어느 책에서 읽었다. 서로의 손에 무기가 없음을 알리기 위해 악수가 발명된 거라고. 말이 칼이 되는 세상에 살면서 우리는 서로의 마음을 언제라도 찌를 수 있는 칼이 없다는 걸 어떻게 알릴 수 있을까. 마음은 꺼내 보여줄 수가 없는걸, 그마저도 말로 보여줘야 하는 일인 걸. '나는 너를 절대 공격할 생각이 없어.' 그 말을 그저 믿는 수밖에 없다. 믿음은 어쩌면 나의 문제다. 상대방이 아무리 믿어 달라 소리쳐도 믿을지 말지의 문제는 내 안에서 결정되는 일이다. 신뢰에 대한 기준치 역시 사람마다 제각기라 한 번 속은 뒤에 또 믿어보겠다는 사람을 보고 혀를 끌끌 차는 것은 결국 내 높은 기준으로 만들어진 것이다.

 신뢰에 대한 역치는 얼마나 세상으로부터 속았는가에 의해 결정될 것이다. 뒤통수 맞은 적이 없고 주변에서 무한 신뢰의 사랑으로 자란 사람은 역시 사람을 잘 믿는다. 믿고 잘 따르며 곧이곧대로 받아들일 수 있다. 반대로 험한 가시밭길에서 마음에 주욱 주욱 흉터가 많은 사람은 의심이 많을 수밖에. 그런 의미에서 첫사랑은 얼마나 순수한 것인가. 아무도 다녀가지 않은 눈 내린 마당에 첫 발자국을 찍는 순간들이 얼마나 많은가. 무기 없음을 전제로 한 사랑의 전쟁은 거기서부터 시작되었다. 신뢰, 모두 다 믿는 것에서부터 말이다.

 나의 첫사랑은 스무 살 봄, 영어 학원에서 시작되었다. 영어 단어 시험을 볼 때, 채워 써넣은 칸보다 빈칸이 많았던 날 옆자리에서 스윽- 자기 답을 보여주었고 몰래 스윽 내민 답안지에는 영어 단어가 아닌 '나랑 밥 먹을래?'가 적혀 있었을 때 가슴 한편이 저릿한 사랑은 시작된 것이다. 오묘한 봄바람이 불어오고 둥근 보름달을 바라보며 무작정 걸었던 날, 누구 한 사람이라도 낚아채 잡으면 그만일 두 손등이 걸음마다 스치고 결국 따뜻한 손바닥이 제자리를 찾은 듯 따뜻하게 맞잡아졌을 때 우리는 서로에게 무기가 없음을, 서로를 해하지 않을 거라는 걸 다짐했다.

사랑의 시작은 늘 그런 식이다. 사랑에 홀리면 우리는 속는다. 알면서 속고, 사랑하기에 언제나 지고 만다. 더 사랑하는 쪽이 약자이며 그러므로 아플 수밖에 없다. 그건 다 내가 많이 사랑하기 때문이다. 사랑하는 마음을 어쩌겠는가. 아프고 말지, 사랑하지 않음을 택하는 쪽은 너무도 멋이 없지 않은가.

나는 멋있는 사람이고 싶었다. 그래서 우리가 만난 지 일 년쯤 지났을 때, 속아주려 했다. 학교의 한 학기 모든 강의가 끝이 났고, 전공 시험이 딱 하나 남은 날이었다. 마지막 남은 시험이라 긴장감은 풀어질 대로 풀어졌지만 중요한 전공시험이니 마냥 포기할 수는 없어 억지로 도서관 자리를 지켰다. 남자친구는 나보다 먼저 시험이 끝난 때라 방학을 맞아 친구들도 만나고 바빠 보였다. 연락하는 횟수가 줄고 시간이 한참 지나야 답이 오는 걸 보고도 논다고 신이 났구나 싶어 부러운 마음에 꾹 참고 공부를 했다. 그렇게 오전에 온 마지막 연락을 끝으로 저녁 시간이 지나 새벽이 되어도 그에게서 연락이 없었다.

온 마음이 신뢰와 믿음으로 가득 찬 첫사랑에게 내가 할 수 있는 건 '혹시 교통사고가 난 건 아닐까?', '혹시 어디가 많이 아파서 아예 휴대폰을 볼 수 없는 건 아닐까?' 식의 극단적인 가정밖에 없었다. 속아본 적 없어 모든 것이 낯설고 처음이라 어쩔 줄 몰랐던 스물한 살이 할 수 있는 생각의 범위는 그리 넓지 못 했다.

그렇게 하룻밤이 꼬박 지났다. 공부를 하는 둥 마는 둥, 온 신경은 휴대폰에 가 있고 메시지 알람 하나에 깜짝 놀라 기대하는 마음으로 휴대폰을 열었다. 역시나 남자친구가 아니었다. 시간이 갈수록 나에게 남자친구는 병에 걸렸거나 사고를 당한 사람처럼 되었다. 시험이 끝나면 그의 동네로 찾아가 봐야겠다고 다짐하며 책을 보는데 시험 시작 5분전, 조교가 들어와 시험지를 배부하려 준비 중이었다. "이제 소지품 다 넣어주세요." 말이 떨어지기 무섭게 전화가 울렸다. 051-OOO-OOOO 휴대전화가 아닌 일반 전화로 걸려 온 그건 모르는 번호였다. 평소 같으면 스팸 전화일 테니 안 받았을 것도 이상한 기분에 꼭 받아야 할 것 같았다.

"여보세요?"
"네 여보세요. 혹시 진호 친구인가요?"
"네? 누구신가요?"
"아, 나는 진호 엄마예요. 어제저녁부터 진호가 연락이 안 되고 집에도 밤에 안 들어와서 집 전화 최근에 남아 있는 번호로 연락했어요. 혹시 진호랑 연락되나요?"
"아, 어머님 안녕하세요. 저도 어제부터 연락이 안 돼서 걱정하고 있었어요. 그런데 어머님 죄송한데 제가 이제 시험이 시작되어서요. 끝나고 나서 진호 오빠 연락되면 꼭 전화 드릴게요. 먼저 끊어 죄송합니다!"
"아, 그래, 그래요. 알겠어요."

그리고 '사고당한 남자친구'에 대한 상상이 점점 현실로 와 닿는 전화를 받고 전모를 생각할 겨를도 없이 시험을 치러야 했다. 하필 작문교육론 시험은 두 시간 내내 논술형으로 손가락 마비가 될 지경으로 적어야 하니, 오히려 정신을 홀딱 빼놓기에 좋았다. 시험이 끝나고 다시 현실 세계로 돌아와 보니 방학임에도 전혀 기쁘지가 않았다. 내 첫사랑, 내 남자친구가 어디에 무슨 사고가 났는지도 모르는데 방학이 되었는지 알아차릴 겨를도 없었다.

전화기를 꺼내 다시 그에게 전화를 걸었다. 이제 이 정도면 배터리가 다 되어 꺼질 법도 한 그 전화기에 말이다. (그 당시에는 이런 생각을 왜 못 했는가? 처음은 어리숙하다.) 수화음이 몇 번 울리고 딸깍. 누가 전화를 받았다.

"어?!! 여보세요?!!! 오빠!"
"여보세요?"
"오빠! 어디야, 뭐야. 괜찮아? 무슨 일이야? 괜찮아?"
"어, 현녕아. 많이 걱정했지. 연락 못 해서 진짜

미안하다. 아휴..”

"괜찮아, 괜찮아. 별일 있는 거 아니지? 어디 다친 거 아니지?”

"응응 나는 괜찮다.”

"아, 진짜 다행이다. 무슨 일이야. 왜 이렇게 연락이 안됐어. 걱정했어 진짜.”

"아, 어제 낮에 우리 엄마 쓰러지셔서 급하게 가족 다 같이 응급실 갔었거든. 이제야 정신 돌아오시고 연락해. 미안 연락이 늦었어.”

"응? 어머니가 쓰러지셔서 응급실에 갔다고?”

(근데 오빠, 어머니 조금 전에 오빠 찾는다고 나한테 전화하셨었는데..)

내 손에는 무기가 없어 (下)

　　　　뭐가 더 중요할까. 진실의 여부가 중요한 문제일까. 사실의 여부가 중요한 문제일까. 진실과 사실은 구분할 수나 있을까. 믿고 싶은 대로 믿어버리는 것이 사실이자 진실이 될까. 진실하다 믿으면 그것이 사실인 양 되어버리는 것일까. 그의 손에는 무기가 없다는 진실을 만들어 굳게 믿었던 나는 뒤집어진 고슴도치 마냥 허연 배를 뒤집어 보였고 그대로 배가 갈라졌다.

　어머니가 쓰러지셔서 응급실에 다녀오느라 연락을 못 했다는 거짓말. 사실 그렇다. 이 거짓말 하나 했다고 나라 간 전쟁이 터지나, 지구가 멸망이라도 하나, 사랑하는 사람이 죽기를 하나. 십수 년이 훨씬 지나고 이 글을 적으니 그래, 뭐 그것 가지고. 그도 그럴만한 이유가 있었겠지 싶은 것이다. 그러나 당시 처음 가족이 아닌 타인을 마음 깊이 신뢰하여 허연 배를 드러냈던 나에게 배반이란 칼이 심장에 들어오는 것처럼 무척이나 당황스러운 일이었다.

"응? 여보세요? 현녕아."
"어? 어.. "
"왜 말이 없어. 지금 어디야?"
"아, 아니. 어.. 나 지금 마지막 시험 치고 나왔어. 근데 있잖아 오빠, 어머니한테 전화 한 통 드려. 어머니 걱정하고 계시더라. 나한테 전화 오셨어."
"......"

몸이 간질간질했다. 살면서 그리 많은 순간은 아니지 않나. 상대방의 모든 패를 나만 알고 있고 그 모든 거짓과 꼼수가 들통나버려 즉각 대면하는 그 순간 말이다. 나는 그럴 때 어쩔 줄 몰라 하는 상대를 보고 있으면 몸이 간질간질 거린다. 흥분감, 기대

감 때문일까. '이제 앞으로 네가 어떻게 말할지 나는 너무 궁금하거든. 뭐든 이야기해 볼래?'

"어.. 미안 현녕아."

나의 은사님은 본인이 가르치는 전공과목 내용보다 더 힘을 주어 가르쳐 주신 적이 있다. "젊을 때 연애 안하면 그거 직무 유깁니다. 근데 잘 보고 만나세요. 사람을 만날 때 위기 대처 능력을 꼭 눈여겨보세요. 좋을 때야 다 좋지. 예상치 못한 위기에 닥쳤을 때 사람 진가가 나오거든요. 별의별 사람이 다 있습니다. 냅다 도망가는 사람, 잡아떼는 사람, 같이 해결하려고 하는 사람, 아니면 자기 혼자 다 짊어지려는 사람. 어떤 사람이 자기랑 잘 맞고 좋은지는 알아서 판단해야겠지요?"

이 남자는 모든 게 들통이 났으니 우선 잘못을 인정하고 사과하는 쪽으로 택했나 보다. 연신 미안하다고 했다. 그리고 거짓말을 할 수밖에 없었던 상황에 대해 설명했는데,

"현녕아, 정말 미안하다. 거짓말 한 건 진짜 사과할게. 미안해. 근데 어쩌구 저쩌구"

어쩌구 저쩌구 라고 쓴 건 미안한데 '근데'가 왜 붙으며 '어쩌구 저쩌구'가 왜 필요한가에 대한 나의 불만이다. 그는 사과하는 방법을 잘 모르는 것 같았다. 사과란 우선 잘못을 인정하는 것, 그리고 상대가 그 사과를 받아줄 때까지 끝까지 계속해서 사과하는 것. 자기 딴에는 적당히 사과했는데 왜 화를 안 푸냐며 상대방 탓을 슬금슬금 하는 것은 결코 자기 잘못을 인정하지 않은 자세임에 틀림없다. '근데 왜 그랬냐면 어쩌구 저쩌구'가 들리는 순간 귀를 닫고 싶었으나 얼마나 어이없는 이야기를 할지 들어봐야 했다.

"네가 나 친구들이랑 술 마시는 거 별로 안 좋아하는 것 같아서. 너가 알면 기분 나쁠까 봐 거짓말했어. 정말 미안해. 술 마시고 정식이 집에 가서 잤는데 배터리가 없어서 폰이 꺼졌고 너무 취해서 어떻게 연락할 생각도 못 했어. 많이 기다렸지. 정말 미안하다. 근데 진짜 나쁜 뜻이 없었어."

그의 어쩌구 저쩌구 나불나불은 춘곤증 속의 염불 같았다. '얘 지금 뭐라는 거야.' 심지어 자기가 거짓말한 탓을 나에게 돌리네 싶었다. 한 번 조각난 도자기가 어떻게 다시 원상태로 돌아가나. 나는 그와 전화 통화 내내 이상하게 깨진 도자기 하나가 아른아른 거렸다. 이상한 경험이었다. 허연 배 위로 칼자국이 났는데 이상하게 아프지 않았다. 아, 그 이유는 내가 대단히 멘탈이 강해서가 아니라 현실감각이 없어서였다. 우선 화가 났으니까 나를 속인 것만으로 헤어짐을 마음먹기까지는 매우 쉬웠고, 한 번 흐트러진 신뢰는 회복되기 어려운데 그 노력을 내가 해야 할 것 같은 기분이 들어서 이 관계는 그만두기로 했다.

그리고 후유증은 혼자서 감당해야 했다. 둘이서 키워오던 감정에 한 놈이 큰 똥을 싸지르고 그 뒷감당은 나 혼자만의 것이었다. 첫 연애의 끝은 불신에 불신으로 끝났고 세상 사람들은 연애를 대체 어떻게 하는가에 대한 궁금증은 그날부터 시작되어 지금도 이어진다.

얼마 전, 친구 설애의 집에서 우리는 믿음에 대해 이야길 했다.

"세상에 100%라는 게 어딨어. 그치? 믿어서 사귀고, 믿어서 결혼한다는데. 믿음에 그 신뢰에 100%가 어딨어."

"그렇지. 이 세상에 완전한 게 어디 있어. 흔들리고 깨지기 쉬운 것들 천지인데 말이야. 그걸 받아들이는 게 내 심신에 좋다는 거야. 아프고 믿기 힘들지만 그래도 사람은 저마다 자기를 지켜야 해서, 그런 의미에서 무기 하나쯤 숨기고 있다고 생각하는 게 서로 더욱 조심할 수 있는 거 아닐까? 그게 설사 남자친구나 남편, 가족이라 해도 말이야."

우리는 서로 무기가 있다는 걸 알기에 조심할 수 있다. 조심하는 마음 위로 신뢰는 쌓인다. 신뢰로 덮이고, 덮이고 덮여서 그 무기를 꺼내지도 못할 만큼 무기는 묻힌다. 그럼 저 신뢰 아래에서 무기를 못 꺼내는 날이 오겠지. 그 길을 함께 걸을 사람은 어디 있을까.

누구도 같이 가줄 수 없는 길

    예고 없이 찾아오는 일은 우리를 기쁘게도 하지만 더없이 슬프게도 만든다. 그날은 오전 내내 기분이 좋았다. 친구와 적당히 맛있는 초밥을 먹고 종알종알 즐거운 수다를 나눴다. 집까지 오는 길은 퇴근 시간임에도 막힘없어 피곤함도 덜 했다. 훤히 뚫린 그 길은 나를 빨리 집에 돌아가게 하려는 신호였을까.

    집까지 3분쯤 남았을 때 동생에게서 전화가 왔다. 무뚝뚝한 경상도 남매에게 전화 통화란 대단한 용건이나 있을 때라 괜히 동생 이름만 보고도 초조했다. '강아지가 또 사고를 쳤나? 강아지가 어디 아

픈가? 사소한 물음은 메시지로도 충분한데 전화를 걸었다는 건 생각보다 큰일이라는 건데. 뭐지?'

"여보세요, 영준아."
"누나, 지금 어딘데?"
"나 지금 집 다 와 가. 왜?"
"방금 외할아버지 쓰러지셨단다. 아버지랑 엄마 지금 병원 출발하셨는데 우리는 집에 연락 기다리고 있으래. 엄마가 너무 많이 운다 누나.."

나에게는 네 분의 조부모님이 모두 살아계신다. 그리고 나는 그분들과 멀지 않은 곳에 살고 있어 자주 뵙고 식사를 하고 서로의 안부를 묻고 지낸다.

"할머니, 봄에 신을 신발 하나 사드릴까요?"
"만다꼬(뭐하러~) 괜찮다."
"외할아버지, 우리 밖에 맛있는 거 먹으러 가요. 고기 먹어요 우리"
"고마 됐다. 귀찮구로. 녕아, 할아버지랑 집에서 묵자."

사실 많이 무서웠다. 친구들은 대개 조부모님이 일찍 돌아가셨거나 어릴 때부터 멀리 떨어져 자주 못 보고 지내 가까운 가족의 느낌이 덜해서 그 슬픔의 깊이가 다를 거라 했다. 조부모님들의 연세가 한 해 한 해 드실수록 헤어짐에 대한 두려움은 남몰래 삼켰다. 그런데 결국 그 날은 오고야 말았다. 인간이라면 당연히 언젠가 마주할 날이지만, 피할 수 없는 것인 줄 알았지만 끝내 피하고 싶은 날이 왔다.

이 세상에 호상(好喪)이 어딨냐고 말했다. 죽음은 누구에게나 슬프고 남겨진 가족에게 지울 수 없는 상처를 주는 일인데 그게 어떻게 호상이냐고 했다. 그리고 호상이라는 말은 자식 된 도리로 입에 올리기 어려운 것 아니겠나. 천수를 누리고 복을 지어 하늘로 떠난 사람, 외할아버지는 아흔넷에 세상을 하직하셨다.

"저녁 드이소." 부엌 너머 할머니의 부름에 할아버지는 대답이 없었고, 이상한 낌새에 안방 문을 연 할머니는 누워서 얼굴 위로 손사래를 치며 숨넘어간다는 할아버지를 봤다고 했다. 구급차가 도착

했고 병원으로 가는 길에 백 년이 가까운 시간 동안 한 번도 쉰 적 없던 할아버지의 심장은 그만 제 할 일을 다 했다는 듯 멈춰버렸다.

1929년생 우리 외할아버지, 아흔네 번의 봄을 맞이하고 아흔다섯 번째의 봄 앞에 무거운 육신을 내려놓고 훨훨 날아가신 우리 외할아버지. 조문객들은 입을 모아 말했다. 병원에서 오래 아프다 가신 것이 아니라서, 건강히 오래 살다 가셔서 호상이라고. 세상에 수많은 안타깝고 가슴 아픈 죽음에 비하면 외할아버지는 얼마나 복이 많으시냐 그랬다. 이렇게 슬픈 감정과 동시에 호상이라 다행이라는 감정을 느끼는 것이 내게 어찌나 이질감이 들었는지. 이 세상에 마땅한 죽음이라는 것은 없으니까.

직계 가족의 장례를 처음 치러보면서 죽음을 실감하게 하는 몇 순간이 기억에 남는다. 생각보다 빈소에서 우리는 웃기도 하고 잘 먹고 울지도 않았다. 그런데 장례 이틀째에 시신을 관에 모시는 입관에서 가족은 무너져 내린다. 육신이란 것, 우리의 이 형체란 것이 죽고 나면 껍데기라지만 결국 기억되는 하나의 장면이고 만들어진 추억이니 그 실체적 형체를 마지막으로 바라보고 만지고 마지막으로 나누는 인사의 시간에 가슴이 미어졌다. 거기서 자식들은 그 차갑고 딱딱한 아버지를 앞에 두고 어쩔 수 없는 운명과 자연의 섭리 앞에 무너져 오열했다.

"아버지 잘 가이소. 아버지 좋은 곳에 가이소. 아버지 훨훨 날아가이소. 아프지 마이소.."

시신을 태우기까지 모든 장기가 멈춰도 귀는 열려 있으니 마지막 인사를 나누라고 했다. 그래서 혹자는 입관할 때 더 많이 큰 소리로 울어줘야 한다고 했었나. 우리는 목 놓아 울었다. 그렇게 장례 3일 차가 되었고 다시 한번 큰 슬픔은 화장터에서 찾아왔다. 차가운 관 위에 가족 모두 손을 얹고 울부짖으며 마지막 인사를 나눴고 그 이후부터는 관을 따라갈 수 없다고 했다. 거기서부터는 이제 오롯이 할아버지 혼자서 가야 하는 길이었다. 누구도 함께 가줄 수가 없었다. 세상을 하직한 사람이라면 뜨거운 가마에서 어딘지 모를 그곳까지 애써 혼자 가야 하는 길이었다.

화장이 끝나고 뼛가루를 모으는 과정에서 태워지지 않고 남은 것에 대해 묻는다. '수령하실 건가요?' 외할아버지는 틀니가 타지 않고 고스란히 남았더랬다. '공수래공수거', '혼자 왔다가 혼자 가는 삶' 그런 진부한 진리가 눈으로 보이며 피부에 와 닿았다. 틀니 하나 가져가지 못 하는 곳인데 뭐 그리 욕심내며 사는가. 사는 동안 행복하기 위함이라지만 죽음 앞에 허망함은 다 이를 데가 없었다.

할아버지 옆 화구에는 20대로 보이는 청년의 영정사진이 있었고 외할아버지를 모신 추모 공원에는 10년 전 돌아가신 큰외삼촌, 그러니까 외할아버지의 큰아들이 아버지를 따뜻하게 맞아주고 계셨다. 그리고 분향소에 안치된 천차만별의 나이를 가진 사람들. 왠지 죽음과는 너무도 거리가 먼 모습의 젊은이들.

그래, 더 열심히 살자. 더 많이 사랑하고 아낌없이 나누고, 주변을 돌보자. 누구도 함께 가줄 수 없는 그 길을 떠날 때 적어도 후회는 말아야지. 상상을 한다. 죽음의 문턱에서 나는 생애 더 못 가진 것을 후회할까, 더 못 나누어서 후회할까. 사랑하지 못 했던 걸 후회할까, 사랑받지 못 했던 걸 후회할까. 용서하지 못 했던 걸 후회할까, 복수하지 못 했던 걸 후회할까.

거대한 자연의 섭리 앞에 다시 본래의 나로 돌아간다. 생사의 종잇장 같은 그 얇은 갈림길 앞에 나는 대범해질 수 있다. 용기와 사랑으로 살 수 있게 한다.

깨달음을 주고 가신 외할아버지께 감사함을 담아, 부디 먼 길 편안히 가시기를.
닿은 곳에서 당신이 좋아하시는 땅콩 캬라멜 왕창 드시고 편히 누워 좋아하시는 텔레비전 오래오래 보시기를.

잘 안 되지? 무엇이든

　　　　　많은 점쟁이들은 내가 결혼을 못 하거나 코찔찔이 아이 같은 남자와 결혼해서 인생을 그의 뒤치다꺼리에 허비하며 사는 팔자라 했다. 만나기만 하면 시작도 전에 깨어지는 인연들이 반복되니 겉보기와 다르게 여린 마음에는 주르륵주르륵 눈물 흐를 적이 많았다.

　평소보다 세차게 요동치는 마음을 보아하니 오늘은 집에 혼자 나를 두면 안 될 것 같았다. 친구 은정을 불러 어디로든 가보자 했다. 시립 미술관부터 시작하여 부산에 살면서 어쩌면 부끄럽게도 한 번도 찾지 않은 '영화의 전당'까지 왔다. (어찌 처음이

냐? 변명을 해보자면 거대하고 사람이 많은 곳은 그 어떤 좋은 것이라도 피하고 보는 성격 탓) 영화의 전당 건물은 흡사 커다란 잉어의 허리쯤으로 보였고 그 아래에서 두 눈으로 직접 보니 매번 차를 타고 지나가면서도 이리 대단할 줄 몰랐다.

"옳거니! 이게 자본의 맛이지!" 은정과 나는 "도시는 이 맛이야!"라고 떠들어댔다. 크로마키로 레드카펫 체험을 하는 곳에서 아이처럼 웃고 떠들다 책과 영화를 보고 작업을 할 수 있는 장소가 있다하여 그곳으로 향했다. 작은 도서관처럼 영화와 관련된 도서들이 꽂혀 있었고, 그중에 책등이 아니라 책의 배(책 표지면)가 하늘을 보고 있는 어느 책이 눈에 띄었다. 이경미 감독의 '잘 돼가? 무엇이든' 제목이 끌렸다. (나는 지금 잘 안 되고 있어서요.)

영화감독이 쓴 책이라 이곳에 큐레이팅 되었을 것이다. 그런데 그녀의 에세이는 사실 영화 이야기보다 그녀의 원래 그저 그런 삶을 바라보는 시선이 담겨 있었다. 콧바람 숭숭 뿜으며 재밌게 읽어가는데 그녀와 엄청난 동질감을 느껴 그녀를 사랑할 뻔

한 문장이 있었다. '많은 점쟁이가 나는 평생 혼자 산다고 그랬는데……' 점쟁이들은 하나같이 그녀더러 평생 혼자 살 팔자를 가지고 태어났다고 했다. 동질감에 사랑씩이나 느꼈는데 그 마음은 그 뒤이어진 문장에 짜게 식었다. '이 결혼 정말 잘 치를 수 있을까.' 이게 웬걸, 그녀가 열세 살 연하의 외국인과 결혼을 한다는 것 아닌가. 호떡 뒤집듯 위로받은 마음은 울그락불그락 심술 난 아이처럼 질투를 느꼈고, 동시에 희망도 맛본 나는 얼마나 간사한 인간인 것인가.

남은 남이고 나는 나라지만 그리고 타고난 팔자라는 것이 있어 알면 바꾸고 조심할 수가 있다는데 나는 내가 돌부리에 넘어질 적마다 주에 세 번이나 만나는 상담 선생님을 찾기보다 점쟁이를 찾게 되는 것이다. 듣고 싶은 이야기를 해줄 사람을 찾는다는 마음일까.

'이번에도 똥을 밟아버렸네~' 친구는 옆에서 놀려대고 나는 쓴웃음으로 친구를 노려보면서 찡한 마음은 점점 검게 내가 잘못한 것이 있을까 하나부터 자기검열을 시작하는데, 그 짓은 이제 그만하자고 그만하자고.

그래서 손가락은 뇌보다 빠르게 '전화 무당'을 검색하고 줄줄이 소시지처럼 나오는 무당들을 하나하나 살펴보는데 나는 어느 면접관보다 까다롭게 그들을 심사했다.

★☆☆☆☆ 리뷰 1점 : 아니 제 고민 잘 들어주시다가 계속 본인 살아온 이야기만 하세요. 제가 왜 돈을 내고 이 분의 푸념을 들어야 하죠?
★☆☆☆☆ 리뷰 1점 (한 달 후 작성) : 제 남자친구 다시 돌아올 거라고 하셨는데, 안 돌아와요. (눈물)
★★★★★ 리뷰 5점 : 선생님 덕분에 저 합격했습니다. 열심히 하면 합격할 거라고 하셔서 정말 열심히 했거든요. 감사합니다. (아니, 이건 당신이 열심히 해서 그런 거잖아요. 라고 댓글을 달고 싶었으나. 그럼 너도 네가 노력하면 되겠네 현녕아. 라는 말 같아서 뜨끔하였고.)

1점 리뷰가 가장 적은 어느 선녀님을 고르고야 말았다. 곱게 한복을 차려입고 어딘가 매서운 눈빛으로 나를 노려보는 선녀님. 흑백 사진을 뚫고 나오는 그녀의 기센 포스에 나는 그만 쭈그렁 방탱이가 되어 달라는 것은 모두 내어주고 내 인생 살풀이를 기대해도 좋을 것 같은 기분. 가격도 합리적이라 생각했다. (홀리기 시작함)

"여보세요?"
"네. 상담 바로 시작할게요. 어떤 고민 있으세요?" (무릎이 닿기도 전에 내 고민이 뭔지 맞혀야 하는 것 아닌가 싶음)
"아, 제 괴로움은 모두 외로움에서 오는데요. 만나는 사람마다 인연이 잘 안 돼요."
"생년월일, 성함 말씀해 주세요."
"어쩌구 저쩌구"
"네, 근데 지금 현녕씨 목소리를 제가 듣는데. 아, 이런 이야기 잘 안 하는데 현녕씨 목소리에서 지금 자꾸 영가가 느껴지거든요?"
"네? 영가요?"
"네. 친가나 외가 쪽에 시집 못 가고 돌아가신

분 있으세요? 그런 영가가 현녕씨 남자 만나는 걸 자꾸 방해하는 것 같은데. 원래라면 지금 인연이 많은 목소리거든요.

"아.. 네..."

"그리고 자꾸 어플, 채팅 이런 게 귀에 들리는데. 어플이나 채팅으로 사람을 만나보세요. 그리고 최대한 아주 최대한 많이 대화하는 남자를 만들어 두시고요. 한 사람 좋다고 올인하지 마시고 여러 남자 만들어 두고 그중에 고르세요. 아시겠죠?"

"아.. 네 ... 그런데 이런 이야기는 모든 사람에게 다 해당되는 이야기 아닌가요..?"

"아니, 제 사주 상담 받는 분들 열에 아홉이 여자분들이고 대개 애인 문제로 상담 오는데요. 다 점사가 다릅니다. 근데 그렇게 물으시면 끊을 수밖에 없겠네요."

"아.. 네... 아 저는 또 저한테만 해당되는 이야긴 줄 모르고요. 예..예.."

"아무튼 제 이야기 잘 새겨들으시고요."

전화를 끊고 정신을 차리려는데 자주 대화를 나누는 진환과의 톡방에 공지 사항이 심장에 꽂히는 것 같았다. [홀리지 말 것] 그리고 홀린 듯 진환에게 앞의 무당과의 통화를 이야기했고 진환은 연신 시와 발을 중얼거렸다. "니 또 헛소리하제. 홀리지 말재이~"

실제로 우리 고모는 열세 살에 백혈병으로 돌아가셨다. 아빠에게 전화해 무당의 말을 빌려 고모가 아빠 딸 연애도 못 하게 막는다고 하니 헛소리한다고 화를 내주길 바랐던 기대와 다르게 "그래, 너희 고모 제사를 지내줘야겠다."라고 했다.

아빠. 나 괜찮은 거 맞지?

어떤 무력감

인터넷 기사를 보고 흐뭇하거나 만족스러운 때보다 화가 치밀고 슬플 때가 더 많다. 그래서 친구는 사회면 기사를 아예 읽지 않는다고 했다. 보고 나면 할 수 있는 것이 없어서 마음만 아프고 화가 나는 그 기분을 느끼기 싫다고 했다. 나는 그럼에도 잘 찾아본다. 끄떡없는 마음을 가져서가 아니라 그냥 손이 간다. 새우깡처럼. 자극적인 기사 제목은 이미 울고 화낼 준비를 마친 내 마음에 들어오기에 충분하다.

가령 ["나 출근 안 하면 1등 된 줄 알아" 입에 달고 사는 김 대리 ...]에서 잘린 기사 제목은 당최 안

누르고는 못 배기는 것이다. '아니, 그래서 김 대리가 로또가 됐다는 거야? 그래서 이제 김 대리 출근 안 한다는 거야, 뭐야? 1등이면 그래서 당첨금이 얼만데?' 흥분하며 기사를 눌러 보면 뒤에 잘린 제목은 ["나 출근 안 하면 1등 된 줄 알아" 입에 달고 사는 김 대리, 로또 중독 의심된다!]로 김빠진 사이다 같은 충격을 준다. 이것이 바로 조회수를 올리려는 기자의 낚시 아닌가!

 이런 식의 낚시라면 그다음으로 본 기사 제목도 통쾌하게 나를 낚아주길 바랐다. [창원서 고양이 무참히 살해돼... 가해자 20대...] 로 뒤가 잘린 제목이 있었다. 아무리 사회면 기사를 용감하게 잘 읽어가는 나지만 동물 학대와 관련된 기사는 최대한 피하고 싶어 도망 다니는 나는 끝내 저 기사를 누르지 못했다. 다만 이렇게 상상이나마 펼쳐본다. 뒤에 잘려 있는 기사의 원제는 [창원서 고양이 무참히 살해돼... 가해자 20대 붙잡혀 그 자리에서 같은 수법으로 사지를 찢어 무참히 사형] 이기를.

 내가 어찌 할 수 없는 일들 앞에 무력감을 느낀

다. 그러나 누군가 내게 냉정하게 말할 수 있다. "네 일이 아니잖아. 마음 아플 수 있지. 근데 어쩔 수 없어. 남의 인생에 간섭하지 말고 네 인생이나 잘 살자." 내가 느끼는 무력감은 '그것이 내 일이 되었을 때'라는 가정이 만들어 내는 무서운 공감대인 것이다. 가장 마지막으로 읽은 기사가 그랬다. 제목은 ["운전 뭐 같이 하네" 아기 태운 엄마 폭행...]

아기를 태운 엄마는 좌회전 차선에서 천천히 운행 중이었다. 그리고 갈림길에서 우회전 차선에 있던 차 한 대가 급하게 아기 엄마 차 앞으로 급하게 끼어들기를 시도 했는데 앞차와의 거리나 분기점 거리상 아기 엄마는 끼워주지 않고 그대로 운행을 했다. 그때부터 끼어들기를 시도했던 차는 대낮인데 하이빔을 쏘면서 아기 엄마 차를 미친 듯이 따라왔다. 신호 대기에 걸리자, 남자는 차에서 내렸고 아기 엄마 차를 두드렸다. 아기 엄마는 창문을 내렸다.

남 : "운전 뭐 같이 하네."
여 : "내가 뭘 뭣같이 해요?"
남 : "뭣 같이 하고 있잖아 지금."

여 : "내가 뭘 뭣같이 하냐고요!"
남 : "아기 들으니까 내려."
(여자 내림)

이어지는 장면은 경악 그 자체라 보다가 꺼버렸다. 거구의 남성이 주먹으로 여자 얼굴을 때려 넘어뜨리고 넘어진 상태에서도 사정없이 폭행을 가했다. 주변에 신호 대기를 받고 있던 사람들이 말린 다음에야 폭행은 멈췄고 아기 엄마는 전치 6주의 진단을 받았고 손가락이 부러져 여전히 회복이 어려운 상태라고 했다. 그나마 다행이라 할 수 있을지 모르겠지만 그 남성은 실형을 받아 교도소에 들어가게 됐다는 것이 그 기사의 요지였다. 초범인 데다 단순 폭행 사건으로 실형을 사는 일은 드문데 그런 구형을 받았다는 것이 주목할 만한 점이라는 것에서 기자는 그 기사를 쓴 듯했다.

댓글을 읽었다. 열의 아홉은 그 남성을 나무라는 글들이었다. 물론 열에 하나쯤은 인간에 대한 환멸을 느끼게 하는 희한한 댓글도 있었다. 그런 것은 가치도 없으니 생략하고 조금 생각을 하게 하는 댓글은 이런 것이었다. '저런 경우에는 창문 절대 내리지 말고 경찰 부르는 게 답임' 내가 운전을 하면서, 그리고 친구들이 운전을 하면서 시비가 붙었을 때 대처 방법으로 아마 가장 많이 들었을 조언일 것이다. 게다가 여성 운전자라면 더욱이나.

    나는 운전을 좋아한다. 이곳에서 운전을 잘하면 전국 어디에서도 운전을 잘할 수 있다는 말을 하는 곳에서 말이다. 맞다. 여긴 부산이다. 직진하던 차선이 갑자기 좌회전 차선이 되어 급하게 차선을 변경해야 할 때가 많고, 잠시 정신을 놓으면 직진하던 내 차선이 사라지면서 스스로 역주행을 하고 있는 참사가 발생할 수도 있다. 대개 깜빡이를 사용하지 않아 방향 지시등에 거미줄이 칭칭 감겨 있다고 하고, 어쩌다 간혹 사용하는 깜빡이는 끼어들기를 성공했을 때 세레머니로 사용하는 거라나 뭐라나. (이걸 쓰면서 내 차 깜빡이에는 거미줄이 칭칭 감겼나 생각함)

    그럼에도 나는 씩씩하게 부산에서 운전을 하고 다닌다. 다소 급하게 운전을 한다. 사실이다. 인정

한다. 이걸 아빠와 할아버지를 탓하자면, 어렸을 적 그들 차를 탈 때마다 앞선 차가 느리게 가거나 어쩔 줄 몰라 하면 "앞에 이 차 여자네 여자." 이 말을 너무도 자주 들었고 그럴 때마다 '저 사람이 남자일 수도 있는데 왜 무조건 운전을 답답하게 하면 여자라고 생각할까?' 하는 반발심이 들었다. 그래, 어버버 답답하게 운전하면 더 위험할 수도 있고, 여자라고 김여사라고 무시당하는 건 더 싫으니 확실하고 교통 흐름에 방해되지 않게 운전하는 게 좋다 라는 스스로의 결론에 이르러 지금의 폭주 기관차가 된 것이다. (응?)

앞서 여성 운전자에 관한 기사를 읽고 내가 느낀 무력감은 그랬다. 그 아기 엄마 운전자가 겪은 일이 나에게 일어나지 않으리라는 법은 없고 똑같이, 오히려 더 큰 화를 나 역시 입을 수도 있는 일이다. 그래서 주변 사람들이 '절대 내리지 말고 대꾸도 하지 말고 경찰에 신고해'라는 말이 가장 나를 지킬 수 있는 현명하고 이성적인 판단일지도 모른다. 그런데 실제로 운전을 하면서 젊은 여자라는 걸 유리 너머로 확인한 순간 더 공격적이게 행동하는 여러 차들을 보면서 해소되지 않는 그 불편함과 억울함은 이성적으로 눌러지기가 어려웠다.

그래서 나는 이레즈미 문신 팔토시와 담배 몇 개비를 차에 싣고 다닌 적이 있었다. 여차하면 팔토시를 끼고 담배 한 개비를 손에 끼운 뒤 창문을 열고 트럭 아저씨들처럼 팔 하나를 척 올리고 한 손으로 운전을 하며 '나 건드리지마쇼잉~~!' 복어의 몸 부풀리기 마냥 무서워 보이기 위해서 말이다.

기사를 보면서 사회 곳곳에서 일어나는 안타까운 일들을 마치 나의 일처럼 받아들인다. 그리고 함께 분노하고 안타까워한다. 그리고 나였다면 어땠을까 상상하기도 하는데 그럴 때마다 느끼는 이 무력감은 어떻게 해소할까. '저 일이 나에게 일어난다면? 난 이렇게 단단히 준비해 두어야지!' 하지만 막상 그 난리에 처하면 어떻게 될지 그건 아무도 모른다. 그래서 무력감 뒤에 찾아오는 겸손함은 소중하고 탈 없이 지나가는 하루에 감사를 느끼게 한다. 그나저나 타인의 불행으로 감사를 느끼는 치졸함은 글쎄, 마음에 안 든다.

그가 귓불을 만지는 이유

잠에 대한 기억을 더듬어 보면 어린 동생이 잘 적마다 엄마의 귓불을 잡고 있던 것이 생각난다. 손에서 귓불을 놓을라 치면 손끝에 센서라도 달린 양 번쩍 눈을 뜨고 사라진 귓불을 찾는 것이다. 빽 울기 전에 귓불을 원래 자리로 가져다 놓으면 누가 업어 가도 모르게 다시 잠에 들던 갓난쟁이가 이제는 그만한 아들이 있다 해도 이상할 것 없는 어른이 되었다.

"너 어릴 때 엄마나 누나 귓불 잡고 잤던 거 기억나?"
"음 어렴풋이? 그건 왜?"

"그냥, 누난 그 기억이 생생해서. 지금은 어때?"
"사실 좀 남아 있는 것 같아."
"엥???? 귓불을 잡고 자? 누꺼? 니꺼?"
"아니, 여자 친구 귓불.."
"세상에. 니 여자 친구 극한직업이다야. 귓불 귀찮게 하지 말고 여자 친구한테 잘 해줘."

 편안한 잠에 들기 위한 조건은 저마다 이색적이다. 옆 사람의 꺼슬꺼슬한 팔꿈치를 만져야 단잠에 든다는 친구와 무거운 몸을 상대방의 심장에 가져다 대고 심장 소리를 들어야만 안심이 된다는 친구. 온몸을 압박하듯 사면으로 베개를 두고 껴안아야 잘 수 있다는 친구와 바닥에 붙은 가자미마냥 벽에 몸을 바짝 붙여야 편히 잠들 수 있다는 친구까지 숙면으로 가는 길은 험난해 보인다.

 그러나 귓불이든 팔꿈치든 싱글침대에 베개만 다섯 개라 이것이 내 침대인지 베개 수납함인지 알 수 없는 지경이더라도 잠만 푹 잘 수 있다면 그만이다. 불면은 내 안의 자비를 잃게 한다. 먹지 못 해 괴로운 것보다 잠을 자지 못 해 불거지는 신경질이 더 위험하다. 그래서 나는 항상 잠에게 지는 쪽을 택했다. 잠에게 지고 나면 다음 날 맞는 현실과 싸워 이길 힘이 생겼다.

중요한 일을 앞두고 시간이 부족하면 잠을 아껴서라도 그 일을 해내는 사람들이 있다. 그런 부류의 사람들은 나와 다른 종족일 거라 확신했다. 내 배짱이 두둑한 덕일까. 쏟아지는 잠 앞에는 다가올 F 학점도, 윗사람의 잔소리도 어느 하나 무서울 게 없었다. 그렇게 꿈도 꾸지 않고 잘 잔 날에는 맑은 정신에 넓어진 아량으로 사람을 대하니 잠만큼 나를 좋은 사람이게끔 하는 것이 없다.

자고 싶어도 잘 수 없는 설움을 안다. 잠에 들고 싶은데 마음처럼 되지 않아 밤마다 괴로워하는 사람들이 있다. 잠을 방해하는 요인으로 혹자는 세속적인 욕심을 들었지만 나는 그것이 뿌리 깊은 불안에서 시작된다고 생각한다. 잠에 매번 지기를 자처하는 나도 마음에 짐이 한가득 쌓여 해결할 수 없는 고민으로 괴로울 때 마음처럼 자고 싶어도 잠을 잘 수 없었다. 머리맡에 양파를 두라거나 끝도 없이 양을 세어보라는 말쯤이야 먹힐 일이 없었다. 결국 그 불안이 마음에서 가셨을 때야 잠을 제대로 잘 수 있었다. 잠은 마음이 보내는 신호를 가장 정직하게 보여주는 결과일 수도 있겠다. '네가 그러고도 두 다리 펴고 잠잘 수 있을 것 같아?'라는 익숙한 대사만 봐도 마음에 걸릴 것 하나 없을 때야 우리는 숙면을 취할 수 있는 것이니 말이다.

그래서일까. 내 마음은 푸근하니 어느 하나 걸릴 것 없고 쏟아지는 대로 받아들여 편히 잠에 들 시간에 층간소음으로 나를 깨우는 악마를 만나면 조금의 자비 없이 평생 자고 싶어도 잠에 들지 못 하는 형벌을 내리고 싶다. 잠을 희생한 대가는 너무도 크기 때문이다. 피천득 작가는 죽음이 긴 잠이라면 그것은 영원한 축복일 거라고 했다. 정말이지 죽음이 긴 잠이라면 그것은 분명 달콤할지니 그다지 두렵지 않다. 그래서 나는 기꺼이 몇 번이고 죽어 잠 속에서 천수를 누리고 싶다.

출발선에 선 너에게

　　몇 년은 더 살아온 언니가 어느 출발선에 서 있는 너에게 이야기를 들려줄게. 시작을 앞두고 많이 무섭고 떨리지? 실패하면 어쩌나, 인정받지 못 하면 어쩌나. 혹여 일이 잘못되어서 작게나마 쌓아온 것들을 다 무너뜨리게 되면 어떡하나. 너로 인해 누군가 피해를 보진 않을까. 괜히 시작해서 사람들에게 부족한 모습만 보일 바에 아예 안 하는 게 낫지 않았을까 뒤늦게 고민도 될 거야.

　먼저 꽤나 가혹하게 들릴지 모르겠어. 이왕 시작하기로 마음먹었다면 불안한 마음을 곱씹기보다 그 일을 하는 것이 가장 마음이 편하다는 걸 알면 좋겠다. 내가 전에 홧김에 취업을 한 적이 있어. 웃기지? 홧김에 취업이라니. 홧김에 물건을 부순 것도 아니고, 누가 나 프리랜서 작가라고 무시하는 게 싫어서 홧김에 취업을 해버린 거야. 나도 할 수 있는데 못 하는 게 아니라 안 하는 거라고 보여주고 싶었나 봐. 어쩜 그리 남들한테 증명하는 데에 목을 매달고 살았는지 몰라. "이것 좀 봐요. 나는 이런 걸 입어요. 이것 좀 봐요. 나는 이런 걸 먹어요. 이것 좀 봐요. 나는 이런 친구가 있어요. 이것 좀 봐요. 나는 이런 것도 안답니다." 여기저기에 널린 이것 좀 봐요 세상이잖아. 그 속에서 내 약점은 아마 정규적인 직업의 부재였었나 봐.

그래서 얼떨결에 일을 시작하게 된 거야. 배운 게 도둑질이라고, 늦은 나이에 어디 가서 취업을 턱하니 할 수 있겠니. 그나마 전공을 살려 입시 학원에 취직을 하게 됐어. 사무직이나 기술직으로 종이나 컴퓨터로 일할 수 있는 게 아니라, 매번 치열하게 점수로 이야기해야 하는 학생들 앞에 서게 된 거야. 아무리 전공자라 해도 처음 가보는 그 학원 생태계에 덜컥 겁을 먹어버렸어. 안 그래도 베테랑 일타

강사들 사이에서 얼어있는데 학원 원장이 매주 금요일 밤이면 집에 나를 보내지 않았거든. 빈 강의실에 선생님들을 모두 모이게 해서 그들 앞에서 나한테 준비한 수업을 해보라고 시켰어. 그러다 판서 위치를 틀리거나, 정해진 분필 색깔을 쓰지 않으면 원장이 소리를 질러댔지. "제가 파란색 분필은 그 내용 쓰는 거 아니라고 하지 않았습니까!!!!!!"

울지 않으려고 했는데 그들 앞에서 눈물이 왈칵 쏟아지는 거야. 다행히 마스크가 적당히 콧물까지 가려줘서 고마웠지. 그런 수치의 금요일을 매주 보냈어. 목요일 밤만 되면 괴로운 거야. '수업 준비 해야 하는데, 내일 또 깨지면 안 되는데. 어떡하지? 도망가고 싶다.' 이런 마음만 드는 거야. 금요일 아침이 되면 땅으로 꺼지든 연기처럼 이 세상에서 사라지고 싶었다? 금요일 퇴근 시간에 빈 강의실에 선생님들이 모일 때, 나는 교무실에서 안정제를 한 알 먹고 들어갔어. 그게 뭐라고, 참 웃기지? 그래봤자 그 작은 학원에서, 그거 안 하고 나오면 그만인데 말이야. 그렇게까지 나를 괴롭히며 나는 그걸 버티지 못 하면 낙오자라는 스스로 프레임까지 씌웠지. 결국 어떻게 됐냐고? 오래 다니지 못 하고 6개월쯤 되었을 때 퇴사했어. 지금 돌아보니 6개월도 오래 버텼다는 생각이 들어. 정말 그 일이 나와 맞지 않아서 그만둘 수 있는 건데도 나는 내가 도피하는 건 아닐까, 이것도 못 해내면 다른 그 무엇도 나는 해내지 못 할 것이라는 자조적인 생각까지 하게 됐거든.

가끔 안타까운 기사를 볼 때면 나는 학원에서 일했던 때가 생각나. 회사 내에서 직장 따돌림으로 스스로 생을 마감했다는 그런 가슴 아픈 기사들 말이야. 댓글 중에는 '그 회사 그깟 거 뭐라고, 퇴사하면 되지. 목숨을 버리냐.'라고 가볍게 이야기하는 사람들이 있어. 멀리서 남의 일이라고 보면 세상만사가 그렇게 다 쉽지. 내 일로 닥치면 시야가 좁아져서 그렇게까지 넓게 멀리 다각적으로 보기가 힘들단 말이야. 학원에서 일했을 때의 나처럼.

내 이야기 들어보니 어때? 시작점에 선 니에게 해주고 싶은 말이 '당장이라도 힘들면 포기해!'처럼 들리려나. 그럴 수도 있겠다. 그런데 그 전에 출발선에 섰다면 그 두려움과 불안 그리고 설렘으로 최

악의 상황을 피하기 위해 최선을 다해서 즐겨보자는 거야. 그리고 사실, 난 네가 더 많이 실패했으면 좋겠어. 넘어지고 또 넘어지고 실패했으면 좋겠어. 실패해도 세상 무너지지 않는다는 걸 알았으면 좋겠고, 실패해도 생각보다 다음 기회는 또 웃으면서 너를 기다리고 있다는 것도 알았으면 좋겠어. 실패해도 주변에서 비웃기보다 손 내밀어 주는 사람이 더 많다는 것도 알았으면 좋겠다. 실패했을 때 너 스스로만 너에게 가혹해지지 않으면 생각보다 금세 일어날 수 있단다. 그러니 멋지게 실패하자. 그래도 되니까 출발선에서부터 너무 그리 잘 하려고 하지 말자.

몇 년 너보다 더 산 언니라고 잔뜩 어른스러운 척을 늘어놓았네. 새로운 일을 척척 해나가는 것처럼 보여도 그 속에서 얼마나 압박을 느끼고 있는지 나는 잘 알아. 네가 또 다른 나니까. 몇 년 너보다 더 산 언니라고 스스로 속여 보려고 했지만 나는 나와 함께 있구나. 네가 다이어리 한구석에 적어둔 글들을 다시 마음에 새겨 넣자. 출발선에 선 것만으로도 너의 발걸음에 무한한 응원과 박수를 보낸다.

"할 수 있다. 모두에게 좋은 소리를 들을 순 없다. 내가 나를 의심하지 말 것.

지금의 좋음을 알아차리기. 잘 해왔고, 잘 하고 있다. 기죽지 말자."

열네 살, 우리 고모

나에게는 한 번도 본 적 없는 고모가 있다. 고모의 존재를 안 것은 성인이 되고 나서의 일이다. 굳이 꺼낼 일이 아니란 듯, 아니 그것은 꺼내면 안 되는 금기처럼 지켜진 이야기였다. 그런데 그녀의 존재가 우리 가족의 기억 밖으로 불려 나온 일은 다름 아닌 내가 책을 내겠다는 선언을 하면서이다.

"할머니, 제가 책을 냈어요. 글을 계속 썼는데 그걸 모아서 책이 나왔어요." 처음 할머니께 출간된 책을 가져갔을 때, 당신의 미묘한 표정을 나는 기억한다. 두 눈의 시선은 바닥을 향하고 조글조글

주름져 얇은 입술을 앙다물어 몇 초는 말을 잇지 못하셨다. 손녀딸의 출간 소식이 그리 썩 달갑지 않아 보였다.

나는 부모님 집과의 거리가 있어 중학교 시절을 할머니 댁에서 보냈다. 할머니 속도 모르고 삐치면 대답도 않고 문을 쾅 닫거나 차려주신 밥도 본체만체 한 날도 있었다. 그리고 죄송한 마음이 들면 할머니 좋아하시는 떡을 사서 집에 들어가곤 했다. 이름만 할머니라 불렀지 그때 나에게는 둘도 없는 우리 엄마였다. 그랬던 내가 다 자라 변변찮은 직업을 못 구하고 자꾸만 시험에 떨어지는 걸 보며 할머니는 얼마나 애가 타셨을까.

늘 "공부해라, 돈 함부로 쓰지 말고 아껴 써라, 머리카락 땅에 떨어져 있으면 안 된다. 머리카락이 남이 밟으면 사회에 나가서 밟히는 것과 같다. 늘, 깔끔하게 살아라, 밥공기는 한 톨 없이 깨끗하게 싹싹 비워라. 옷은 항상 단정하게 깨끗하게 입고 다녀라." 잔소리로만 들렸던 할머니 말씀이 내 새끼가 어디 가서 무시당하지 않고 똑똑하고 당당하게 잘 살아가길 바라는 마음에 하는 말씀이었다는 것을 이제야 조금씩 깨닫는다.

그렇게 딸처럼 키운 손녀가 출간한 책을 들고 별 말씀을 하지 않으셨던 할머니. 그 반응에 의아하고 또 속상하기까지 했는데 집으로 돌아오는 차 안에서 아버지는 난생처음 듣는 이야기를 아무렇지 않은 척 꺼내셨다.

"아빠한테 여동생이 하나 있었거든."
"네???"
"할머니가 생각이 많이 나셨는갑다. 말씀이 없으신 걸 보니."
"아니, 아빠. 그게 무슨 말이에요?"
"어릴 때, 아빠 동생이 죽었어. 너희 고모가 열네 살인가. 그때 죽었지.."

보조석에 앉은 엄마는 아무 말 않고 아빠가 이야기를 계속 이어갈 수 있도록 가만히 경청하고 있었고 나는 토끼 눈을 뜨고 놀라 두근거리는 심장 소리가 귓전에 울렸다. 그리고 우리 할머니 얼굴이 생각나면서 눈이 벌겋게 뜨거워졌다.

"너희 고모가 아파서 죽었지. 아파서. 열네 살에 급성 백혈병이 와서 병원에 제법 있다가 잘 안됐어 그때. 골수이식을 받고 할 상황도 못 됐나 봐. 아빠가 이제 현녕이 니한테 고모 이야기를 꺼내네. 지금 고모가 살아있었으면 참 니를 예뻐했을 텐데. 아빠도 이제는 동생 얼굴 생각이 잘 안 난다. 너희 고모가 어릴 때 글쓰기를 참 좋아했거든. 자기는 작가 되겠다고 글 써서 모아두고 그랬어. 아마 할머니가 오늘 니 책 보시고 너희 고모 생각이 많이 나셨나 보다."

만약 내가 운전석에서 차를 몰고 있었다면 급히 차를 돌려 할머니 댁으로 다시 갔을 것이다. 그리고 할머니를 꼭 안아드렸을 것이다. 고모가 돌아가신 지 그 세월이 벌써 40년은 족히 넘은 시간이다. 자식을 먼저 앞세운 그 슬픔을 어떤 세월에 비할 수가 있겠는가. 오죽하면 남편 잃은 사람은 과부, 아내 잃은 사람은 홀아비, 부모 잃은 사람은 고아처럼 지칭하는 단어가 모두 있어도 자식을 잃은 사람을 지칭

하는 말은 없다고 하지 않는가. 감히 그 아픔은 헤아릴 길이 없어서 무엇으로도 부를 수조차 없다고. 손녀딸이 글을 모아 만든 책을 보면서 아프다가 세상을 등진 딸아이 생각이 나서 우리 할머니는 속으로 얼마나 슬퍼하셨을까.

그다음 주에 할머니를 만났을 때 나는 현관에서부터 할머니를 꼭 껴안으며 인사드렸다. 와락 눈물이 날 것 같았지만 애써 참으며 할머니와 이불 덮고 앉아 귤도 까먹고 텔레비전도 보면서 평소처럼 수다를 나눴다. 그러다 아무렇지 않게, 슬쩍 고모 이야기를 꺼냈다.

"할머니, 나한테 고모가 있었다면서요?"
"그래, 있었지. 왜?"
"아빠가 이야기해 주셨어요. 고모가 글을 잘 썼다구요."
"그래, 작가가 되고 싶어 했지. 병원에 입원해 있을 때 간호사 선생님들한테 자기 다 나으면 작가 돼서 다시 올 거라고 인사도 하고 그랬어. 글도 잘 쓰고 노래도 잘 하고 그랬는데. 너희 할아버지가 고모

죽고 나서 글 썼던 노트 하고 그런 거 다 불태워 없애 버렸어. 우리 녕아도 노래 잘 하제. 너희 고모를 많이 닮았어."

"나 고모 닮았어요 할머니? 할머니, 그럼 고모 이름은 뭐였어요?"

"그거는 할머니 말 안 해줄래. 다음에."

"알겠어요.. 할머니, 고모 사진은 있어요?"

"사진도 너희 할아버지가 다 갖다가 불태웠지. 근데 할머니가 몰래 한 장은 가지고 있는데. 그건 할머니가 혼자 보는 거야. 녕아 고모 보고 싶어?"

"네. 그런데 할머니 다음에 보여주세요. 다음에."

"그래, 너희 고모가 죽고 나서 딱 한 번 할머니 꿈에 나왔거든. 보내고 나서 한 달쯤 지났을 땐가. 아주 막, 흐드러지게 진달래가 벌겋게 피어있는 동산에 너희 고모가 손을 흔들고 웃으면서 할미를 쳐다보고 인사를 하고 갔어. 하늘은 파아랗고 진달래는 분홍색이 들판으로 펴있고 예쁘게 원피스를 입고 너희 고모가 웃으면서 인사하고 가는 거 있제. 그 길로 사십 년이 지나도 한 번을 꿈에 안 나와. 그래서 할미는 너희 고모가 아픈 거, 적게 살아 억울한 거 다 잊고 이승을 편히 떠난 거라고 그래 생각한다."

할머니는 환갑이 훌쩍 넘은 우리 아빠를 보고도 '차 조심해라, 밥 잘 챙겨 먹어라, 감기 걸리면 안 된다.' 말씀하시며 저렇게 머리가 희어진 아저씨가 아직도 물가에 내놓은 아이 같다고 하신다. 그러니 그 핏덩이같이 어린 자식이 아파서 삶을 다 하지 못 하였을 때, 그 슬픔과 애간장을 녹이는 비통함을 누가 다 헤아릴 수 있었을까. 할머니는 그 어린 고모를 평생을 마음에 담고 살아가고 계셨을 것이다. 열네 살에 중학교를 가기 위해 함께 살게 된 손녀를 보면서 우리 할머니는 죽은 고모가 돌아온 것처럼 느끼셨을까. 그래서 나는 우리 할머니를 엄마처럼 여길 수 있었던 것일까.

나는 아직도 고모의 이름도 얼굴도 모른다. 그 뒤로 할머니에게 고모 이야기를 꺼내지도 않았다. 내가 얼마나 고모의 모습과 닮았는지, 얼마나 고모만큼 글을 잘 쓰고 노래를 잘 하는지 잘 모른다. 떠난 고모를 생각하면 슬프지만 할머니 마음에 나 있는 그 커다란 아픔을 이제라도 알 수 있어 다행이다. 손녀로서, 딸로서 할머니 옆에 오래 있고 싶다. 정말 오랜 시간이 흘러 고모와 할머니와 내가 만나는 때가 오면 "고모, 제가 고모 역할까지 다하느라 꽤 힘들었다구요." 하고 응석 부리고 싶다. 이 문장을 쓰는데 뜨끔한 마음이 든다. 할머니가 보고 싶다. 이 문장의 마침표를 찍고 전화를 걸어야겠다.

내가 좋아하는 사람

나는 대단한 사람에게서 매력을 느끼지 못한다. 내가 생각하는 대단함이란 칼 같은 냉정함을 가지고 빠른 결단을 내리는 지도력, 상황에 따라 감정보다 이성이 앞서 문제 해결에 지향점을 두는 민첩함과 명민함, 아닌 것은 아니라고 딱 잘라 말할 수 있는 강단. 어느 곳에서나 리더십을 발휘하고 존경을 받을만한 사람의 모습일 것이다. 존경심은 두려움에서부터 출발한다고 했었나. 나는 그런 대단한 사람과의 유사성을 찾기 어려워 그들과 동떨어져 있고 싶을지도 모른다.

그래서 나는 소박하고 그저 평범한 사람을 좋아

한다. 정서가 섬세하고 비단실처럼 고운 사람을 좋아한다. 작은 인연을 소중히 여기며 밝게 나누는 인사에 인색하지 않은 사람을 좋아한다. 자신과 다른 것을 색안경 끼지 않고 그저 바라봐 주는 그 눈을 좋아한다. 자기를 뽐내는 법이 없고 남을 쉽게 부러워하지 않는 사람을 좋아한다. 겁이 많고 수줍음이 많은 사람을 보면 나까지 덩달아 하얀 도화지가 되는 기분을 느낀다. 다른 사람에게 융숭한 대접받는 일을 어려워하고 받은 것은 곧잘 갚으려는 그 마음을 좋아한다.

심각한 이야기를 웃음으로 받아낼 수 있는 사람의 여유와 유머를 좋아한다. 강한 것을 누르려는 강함보다 부드러운 것으로 감싸 안을 수 있는 아량을 가진 사람을 좋아한다. 맛과 멋의 차이를 아는 사람이 좋다. 우리 좀 멋있게 살자는 자조적인 말에 역력한 미소로 등을 토닥여 줄 줄 아는 사람이 좋다. 나쁜 것들은 모두 지나간다는 믿음을 가지고 있는 사람이 좋다. 역경 속에 있어도 인생을 아름답게 볼 줄 아는 사람이 좋다.

몇 없으리란 걸 안다. 부당한 것을 보고 자신에게 해가 되지 않는다면 그냥 묵인하는 사람을 많이 봤다. 살아가는 저마다의 지혜일 수 있다. 하지만 정의감이 먼저인 사람은 그 순간을 결코 그저 흘려보내지 못 한다. 동정에 인색하지 않은 사람을 좋아한다. 편을 가르지 않는 사람을 좋아한다. 무리 속에서 말없이 쓸쓸해 보이는 사람을 챙길 줄 아는 사람을 좋아한다. 약자에게 한없이 약한 사람을 좋아한다.

한철 매일 보고 끊어지는 연보다 드문드문 사는 일을 서로 묻고 세월을 함께 건널 수 있는 사람이 좋다. 그런 사람을 생각하면 어느덧 눈에 눈물이 괸다. 일생을 걸쳐 오래 두고 보고 싶은 사람이다.

수영장 할머니

            수영을 배운 지 이제 한 달이 되었습니다. 우리 수영장은 아주 작은 동네 키즈 수영장이라 레인 수도 적고 수강생 수도 적습니다. 수영장이 좁아서 그렇게 말이 많은 걸까요? 처음에는 이런 분위기를 적응하기 힘들었습니다. 나이 드신 분들이 모두 그렇다고 생각하지 않습니다. 정말 점잖으시고 오히려 말을 아끼시는 어르신들이 더 많다는 것도 알고 있습니다. 하지만 어디에나 빌런은 존재하는 법 아니겠습니까. 우리 수영장에도 빌런은 있었습니다. 수영하러 간 첫날부터 빌런은 그 존재감을 내뿜었습니다.

처음이라 샤워장도 낯설고 수영복을 입는 것조차 낯설어 쭈뼛거리며 비누칠을 하고 있는데 옆에서 수모에 수경까지 모두 다 착용하고 들어갈 준비를 마친 할머니 한 분이 말을 거셨습니다.

"오늘 처음 왔능교?"
"네. 안녕하세요^^" (발가벗고 있어 창피하지만 애써 밝게 웃으며)
"아이고, 근데 이래 얼굴도 예쁜데 무슨 살을 이렇게 찌웠노?" (얼굴 예쁘다는 빈말로 약 먼저 발라준 뒤 후드려 패기)
"네? 하하하"
"살 좀 빼라. 빼면은 훨씬 예쁘겠구만. 하이고.." (이번에는 병 주고 약 발라주기)
"아.... 그러게요." (그러게요 시전은 명절에 하는 거라고 배웠는데 엄한 수영장에서 그러게요, 그러게요를 하고 있으니 속이 상함)

하루 이틀 본 사이도 아니고, 처음 본 사람이 그리 내 몸을 평가하다니. 정말 오랜만에 느껴보는 불쾌함이었습니다. 하지만 이런 것이 수영장 텃세인가, 앞으로 내가 편하게 다니려면 인상 찌푸릴 일을 만들지 말자고 속으로 삼켜내며 웃어 보였습니다. 한 대 두 대 잽을 날릴 때 바보처럼 맞고 있으면, 아 얘는 정말 바보구나 더 때리기 쉬워지는 걸까요? 오히려 미친 짓을 하면 함부로 건들지 못 한다고 했는데. 저는 그때 또박또박 말을 했어야 했습니다.

그다음 날 샤워장에서 할머니는 못 보던 친구분에게 자기 딸 소개하듯 샤워하고 있는 저를 가리키며 소개했습니다. "얘 좀 봐봐라. 이래 살을 찌워가 수영한다고 왔다. 몸매가 이래 예쁜데 (또 빈말로 약 먼저 발라주기. 감사해요 할머니) 어쩐다고 이렇게 살을 찌워가지고. 아가씨, 밥이 그렇게 맛있등교?"

이번엔 정말 많이 아팠습니다. '밥이 그렇게 맛있냐니요 할머니! 밥이 제가 맛있긴 한데, 그래도 그렇게 말씀하시면 저한테 상처 주고 계신 거예요 할머니.'라고 말을 하고 싶었으나 이 소심한 쫄보는 또 그냥 허허 웃어넘겨 버렸어요. 엄마 같은 마음에, 손녀 보는 마음에 안타까워서 하시는 말씀이겠거니 넘어갔습니다.

그리고 한 달이 지났습니다. 그사이에 저는 할머니와 샤워장에서 마주치지 않기 위해 부단히 노력했어요. 할머니의 루틴을 꿰차고 조금 늦게 들어가고, 늦게 나가는 식으로 말이에요. 하지만 할머니께서 작정하고 제게 걸어오는 것은 어떻게 갑자기 물에 들어가 끝없는 잠수를 하는 것 아닌 이상 막을 수가 없었습니다. 할머니는 이렇게 말씀하셨어요.

"살은 잘 빼고 있나? 일 키로 빠졌나?"
사실 수영을 하면서 식단 조절을 한 지 삼주 차가 되어가니 혹시 조금 몸의 부피가 줄어들었나 싶어 기쁜 마음으로 대답을 했습니다.
"네?! 저 살 좀 빠진 것 같아요?" 그랬더니 아주 매서운 표정을 하시고는
"아니? 그건 모르겠고. 얼른 살 빼라. 전에 여기 진짜 뚱뚱한 여자애 하나 다녔는데 한 육 개월 동안 삼십 키로를 빼고 나갔다. 나는 걔 보고 놀라 자빠지는 줄 알았데이. 그러니까 니도 이래 예뻐가시고 살 얼른 빼라이. 알았제? 그래가지고 좋은 사람 만나서 시집도 가고 해야지. 인기도 많겠구만 이래가지고 아이고 아이고. 살 빼라이 알았제! 좀 적게 먹고!"

할머니는 또 한 번 약을 잔뜩 발라주시고 다시 곤장을 후려치시는 것을 잊지 않으셨어요. 사실 가장 첫날은 얼떨떨함과 불쾌함이 꽤 오래갔었는데, 두 번 세 번 할머니의 이 무례한 오지랖에 속수무책으로 당하니 이제 제법 아무렇지 않았습니다. 그냥 듣고 싶은 것만 듣게 되고 별것 아닌 말은 그냥 넘겨버릴 수가 있게 되었지요. 그게 그 이유가 무엇인고 곰곰이 생각을 해보았는데 그곳이 수영장이기에 가능한 것일지도 모른다는 생각이 들었습니다. 수영 만병통치설에 따르면 수영을 하면 마음도 물처럼 유연해지고 모난 것들을 흘려보낼 수 있게 된다고, 아주 근거 없는 이야기를 하거든요. 어떤 상관관계인지 모르겠지만 수영을 하면서 마음이 많이 유해졌습니다. 비단 수영이 아니라 매일 아침 일정 시간 나를 위해 운동하며 쏟는 에너지 덕분이 아닐까 싶기도 합니다. 할머니를 미워하지 않는 마음을 보면서 저는 다시 한번 수영을 통해 성장하고 있음을 느낍니다.

오지라퍼의 소개팅 (上)

 "저기, 제 친구 이상형에 정말 가까우신데. 괜찮으시면 제 친구 한번 만나보실래요?"

 오지랖 하면 단연 '나'였다. 아파트 엘리베이터에서 만난 꼬마들과 인사를 몇 번 나누고 친해졌다 싶으면 몇 학년인지, 뭐 하고 놀 때 가장 즐거운지, 무슨 과자를 제일 좋아하는지 그런 걸 물으며 초딩과 절친이 되기도 했다. 한 번은 날씨가 꽤 흐린 날이었다. 횡단보도에서 신호를 기다리는데 옆에 선 할머니께서 우산을 들고 오신 걸 봤다. 나는 곧장 할머니께 "오늘 비와요? 세상에, 저는 우산을 못 챙겼어요."라고 말했다. 물론 당연히 처음 보는 할머니다.

나와 비슷한 재질의 친구는 함께 자유 수영을 하러 간 날, 갑자기 어떤 아저씨에게 말을 거는 것 아닌가. "저기, 혹시 박수현 아버지세요?"라고. 아저씨는 엥? 하시는 표정으로 "아닌데예."라고 말씀하시며 물속으로 사라지셨다. 친구는 저 멀리서부터 그 아저씨가 아는 동생 아버지와 생김새가 비슷하여 곧장 그 아저씨에게 말을 걸었다고 했다. 나도 만만치 않지만 이 친구에게는 러쉬 전국 매장 1등 직원으로 뽑힐 정도의 친화력과 붙임성이 있었다.

좋은 말로 하면 친화력일테고 조금 과할 때면 오지랖일 수 있다. 그래, '선한 오지랖'이라고 하자. 이것은 사람마다 다를 테지만 지역적 분위기도 한 몫한다고 생각한다. 젊은 층일수록, 그리고 수도권에 가까울수록 자기 것만 잘 챙기자는 개인주의적 정서가 깊은데, 내가 사는 여기 지방에서는 아니, 시골일수록 남이 잘못되는 것을 눈으로 본 이상 못 본 채 지나가길 극도로 힘들어하는 사람들이 있다.

얼마 전, 나는 겨울의 끝물에 딸기가 먹고 싶어 마트에 갔다. 통통하고 색이 빨갛게 윤이 나는 것이 딸기 향만 맡아도 황홀한 지경이었다. 어떤 걸 골라야 할까 이리저리 고심하는데 옆에 슬쩍 바스락거리며 어떤 아주머니가 오셔서는 내 귓전에다 들릴락 말락 한 마디 얹어주셨다. "이거 내 어제 사 갔는데 딸기가 하나도 안 달아예." 나는 "예? 아이고, 감사합니다." 하며 딸기 한 소쿠리에 손이 가는 것을 곧장 멈췄다. 가끔 지하철에서는 사람이 많아 서서 갈 때, 내 앞에 앉아있는 어르신께서 말씀하신다. "내 이제 내리는데, 아가씨 여기 앉으소." 또는 "아가씨 어데까지 가는교? 가방 주가. 가방 들어주께이."

이렇게 오지랖을 선하게 포장하는 데에 한 페이지를 쓰는 데는 이유가 있다. 이런 것을 전문용어로 밑밥 깔기 또는 작업이라고 한다. 그렇다. 내가 부린 역대급 부끄러운 오지랖에 대해 말하기 위해 그것은 굉장히 선한 의도였다라는 것을 피력하기 위함이다.

윤경은 나의 가장 오래된 친구다. 열네 살에 담

임선생님이 앉으라는 대로 앉고 보니 내 짝지는 윤경이었다. 우리는 먹는 걸 좋아했고 또 먹기를 좋아했다. 쉬는 시간마다 매점에 가서 빵을 사 먹고 후랑크 소시지를 사 먹었다. 우리는 과자 중에 사또밥을 참 좋아했는데 수업 시간에 선생님 몰래 서랍 안에 두고 꺼내 먹었다. 교복 마이 가슴팍에 허옇게 사또밥 가루가 소복이 묻어 아마 선생님들께서 아시면서 그저 눈 감아 주신 것으로 보인다. 노래 부르는 것을 좋아해 학교가 파하면 늘 동전 노래방에 있었다. 〈빅마마-체념, 리사-사랑하긴 했었나요, 이수영-덩그러니, 거미-그대 돌아오면〉 노래를 연습할 때마다 우리 듀엣을 결성하자고 결의를 다졌다. 그리고 곧장 공중전화로 달려가 SM 엔터테인먼트 사무실에 전화를 걸어 물었다. "안녕하세요. 혹시, 저희가 조금 통통한데 가수가 될 수 있나요?" 하고 말이다.

윤경과 중학교, 고등학교를 거쳐 많은 추억과 이야기를 만들었다. 윤경이 짝사랑하는 남자들을 쭉 봐오면서 그녀의 일관된 이상형을 알아차렸는데, 키가 크고 제법 덩치가 큰 안경 낀 남자를 좋아하는 것이었다. 눈은 조금 작고 피부가 하얀 그런 백곰 같은 스타일을 선호하는 윤경에게 이상형은 이상형일 뿐인지 매번 그것에 전혀 해당되지 않는 남자들만 그녀의 옆에 있었다. 친구로서 그런 것을 제법 안타깝게 여길 때쯤, 나는 윤경 대신 윤경의 이상형을 발견하고 말았다.

대학교 4학년, 학교에 나가는 일수는 줄었지만 해야 할 공부는 더 많은 때에 과제가 많아 잘 안 가던 카페에서 자료를 정리하고 있었다. 몇 시간째 이어지니 집중력이 다 떨어져 여기저기 미어캣처럼 눈이 돌아가는데, 마침 내 옆자리에 커다란 백팩을 매고 자리를 잡는 안경 쓴 백곰 남자가 나타난 것이 아닌가. 첫눈에 나는 알아봤다. 이 남자는 윤경의 이상형이다! (보통 이 남자는 내 남자다! 종소리 댕- 댕- 울린다는데 나는 남의 남자 종소리나 대신 듣고 있는 건 뭐람?)

나로선 흥분을 감출 수 없었다. 오지라퍼의 간섭하고 도와주기 본능이 저 밑바닥에서부터 드릉드릉 올라와 참을 수 없었다. 당장 일어나 화장실로 가서 윤경에게 전화를 했다. 윤경은 이제 막 간호사가 되어 취직을 했는데 교대 근무를 하면서 전화를 받을 수 없는 듯했다. 윤경은 메시지로 대답했다.

　내 지금 일하는 중. 전화 못 받음.
　야, 대박사건. 지금 내 카펜데. 내 옆자리에 니 남친 있음 (실제 윤경은 남친 없음)
　ㅋㅋㅋㅋ 무슨 말인데
　아니, 외모가 완벽한 니 이상형이다. 그래서 내가 대신 소개팅 시켜줄게.
　와... 진짜? 백곰이가?
　응 아 진짜 놓치면 아까운데!! 어쩌지! 내가 대신 여자친구 있는지 물어볼까?
　야... 우째 그라노. 부끄럽다
　일단 있어봐. 일하고 있어리. 나중에 연락할게.

　나는 자리로 돌아와 뛰는 심장을 진정시키고 크게 심호흡을 한 열댓 번 한 뒤, 45도 몸을 왼쪽으로 비틀어 문제집을 꺼내 풀고 있는 그에게 시선을 먼저 던지고, 그가 따가운 시선을 알아차리고 이어폰을 귀에서 빼는 순간 기다렸다는 듯 말을 건넸다.

"아, 안녕하세요. 제 친구 이상형에 정말 가까우셔서요. 혹시 여자 친구 있으세요?"

오지라퍼의 소개팅 (下)

　　　　남자는 휘둥그레한 눈을 뜨고 그 말이 자기에게 한 말이 맞는지 재차 확인하려는 듯 고개를 한껏 꺾어 뒤와 옆을 돌아봤다. 그리고 자기 자신을 손으로 가리키며 물었다.

"네? 저요?"
"네! 많이 놀라셨죠.. 혹시 여자 친구 있으신가요?"
"아, 아니요.."
"우와! 아니, 저한테 정말 친한 친구가 있는데. 그 친구 이상형에 너무 가까우신 거예요. 괜찮으시면 한번 만나보실래요? 그런데 지금 정말 당황스러

우실 것 같아요.. 제가 이상한 사람은 아닌데, 아 아니 이상한 사람 맞으려나요. 아무튼 연락처 알려주시면 연락드릴게요. 아니면 제 친구 번호를 알려드릴까요?"

"아, 아. 네.. 여기 제 번호를 드릴게요.."

나는 번호 저장을 하고 곧장 윤경에게 소식을 알렸다. 업무 중인 그녀도 영락없는 이상형이라는 말에 설렜는지 금방 답장이 왔고 우리는 일단 저녁에 만나서 작업에 들어가기로 했다. 윤경과 나는 자주 가는 동네 작은 카페에서 만났다. 테이블이 서너 개쯤이라 소곤거리지 않으면 카페 사장님도 이 희한한 일을 다 알게 되실지 모른다. 그래서 최대한 몸을 낮추고 귀엣말로 속삭였다.

"야 .. 진짜 백곰처럼 듬직하고, 하얀 피부에, 안경을 썼는데 딱 니 이상형이더라. 근데 일본어 공부를 하고 계시던데. 내가 몇 살인지도 못 물어봤네. 그래도 우리보다는 많아 보이던데."

"일본어???? 뭐지. 자격증 준비인가. 야... 떨린다."

"문자 보내봐. 해보자, 해보자. 뭐라고 보낼 건데?"

"인사부터 하자. '안녕하세요. 아까 카페에서 전화번호 물어봤던 친구 소개로 연락드려요.' 이렇게 보낸다!"

"좋다 좋다 고고!"

윤경과 그 남자는 대략적인 신상 정보를 주고받고 만날 날짜를 정했다. 윤경보다 네 살이 많은 그 남자는 취업을 준비하고 있었고 사는 곳은 우리 동네와 그리 멀지 않은 곳이라 했다. 지금 같으면 또 그런 무모한 짓을 저지를 수 있을까 싶다. 신상 정보 하나 모르고 어떻게 사람을 만날 생각을 했는지 말이다. 하지만 우리는 어렸고 호기심이 가득 찬, 낭만을 꿈꾸는 이십 대 초반의 여자아이들이었다. 윤경도 그 낭만을 품고 남자를 만나러 나갔을 것이다. 실제로 그는 윤경의 외적 이상형에 굉장히 부합한 사람이었다. (역시 10년 넘은 친구면 이 정도는 짬에서 나오는 바이브라며 나를 추켜세워 주었다.) 그 남자도 윤경이 싫지 않았는지 그들의 데이트는 한 번, 두 번 계속해서 다음이 있었다. 윤경은 그때마다 나와 함께 옷 쇼핑을 같이 가자 했는데 좋아하는 남자에게 잘 보이고 싶은 여자의 마음을 옆에서 지켜보면 그게 그렇게 앙증맞고 사랑스러울 수 없다.

다음 애프터 신청은 윤경이, 그다음은 그 남자가. 또 그다음은 남자가. 그렇게 그다음 만남에는 남자가 고백을 하고 윤경은 그날 장미꽃 한 다발을 안고 그의 말에 고개를 끄덕였다. 처음에는 남자의 외모로부터 시작된 일이었지만 윤경은 그를 만날수록 비슷한 가치관에 놀라고, 비록 취업을 준비하고 있지만 그가 가진 비전이나 앞으로의 가능성에 대해 옆에서 응원해주고 싶은 마음이 들었다고 했다. 그 남자도 같은 마음이었으니 그 둘은 서로를 알아볼 수 있지 않았을까. 얼떨결에 사랑의 큐피드 역할을 하게 되어 기쁜 마음이 컸지만 윤경에게 그 남자가 생긴 뒤로 나는 윤경과 평소만큼 자주 만날 수 없게 되었다.

괜히 윤경을 뺏긴 것 같이 슬프고 윤경의 빈자리가 제법 느껴졌지만 내 발등 내가 찧은 꼴이라 투덜댈 수도 없었다. 사회인이 되어 친구들이 연애를 하면 이렇게 만날 수 있는 시간이 줄어들 줄은 상상도 못 했다. 주중에는 모두 일개미처럼 열심히 하루를 보내고 집에 오면 저녁 먹고 쉬다가 잠들기 바쁘다. 그래서 우리가 만날 수 있는 시간은 주말뿐인데 친구가 연애를 하면 이 주말을 통으로 애인에게 쓰니, 친구는 뒷전이 되는 것이다. 하나둘 그렇게 일 년, 이 년 연애를 이어가고 그중에 윤경 역시 행복한 연애로 우리는 함께하지 못할 때가 많았다. 그렇게 그들은 4년을 연애했다.

그리고 어느 날 윤경은 동네 맥줏집에서 치킨을 먹으면서 한 손에 닭 다리를 들고 수줍은 웃음을 띠며 말했다.

"저번 달에 오빠랑 서울 놀러 갔었거든. 한강에서 치맥을 먹는데 갑자기 이 치킨 나랑 평생 같이 먹고 싶다는 거야. 뭔 소린가 했더니. 갑자기 화장실을 갔다 온대. 그때부터 느낌이 쎄 하더라. 저 멀리서 번쩍번쩍한 거랑 풍선이랑 이것저것 튀어나오더니 반지를 내밀어. 평생 자기 룸메이트 하재. 치킨 같이 먹재. 현녕아. 나 프러포즈 받았어. 웃기지, 그래서 말인데 네가 작가니까, 내 결혼식 축사 좀 해주라."

 윤경은 전혀 감동적이지 않은 말투를 하면서 눈망울이 촉촉해졌다. 그간 남자의 취업 준비가 길어지면서 겪었을 둘 사이의 어려움, 말은 안 했지만 삼교대로 건강이 망가져 가면서도 가족과 남자친구를 챙겨야 했던 친구의 사정들이 있었을 것이다. 그렇게 길었던 사 년의 연애가 끝나고 다시 시작점에 서게 될 두 사람의 모습이 나 역시 대견하고 또 기대가 되어서 코가 시큰해졌다.

 윤경의 결혼식 날, 나는 윤경의 부탁대로 축사를 했다.

 윤경아, 예쁜 보조개를 하고 수줍은 미소를 짓던 중학교 내 짝꿍. 나의 친구 윤경아.
 너의 심성이 얼마나 고왔던지 나는 그런 네가 좋아서 우린 친구가 되었어.
 그때나 지금이나 여전히 사랑스럽고 장난기 가득한 나의 친구야.
 어떤 드레스를 입어도 예쁠 거라 생각했는데,

역시 내 친구 오늘 정말 예쁘구나.

　우리 중학교 때부터 누가 먼저 결혼하든 서로의 축가를 불러주기로 약속했었잖아. 비록 축가가 아닌 축사이지만 이 자리에서 그 약속을 지키며 너를 축복할 수 있어 감사해. 그리고 나뿐만 아닌 이 많은 사람들의 축하가 앞으로 살아가면서 어느 날에는 작은 응원으로, 어느 날에는 큰 위로가 되어줄 거야. 그러니 조금 지치고 힘든 날에는 이 빛나는 순간을 잘 기억해 뒀다가 떠올렸으면 좋겠어. 씩씩하고 이해심 많은 너는 현명하게 결혼 생활을 해나갈 수 있을 거라 믿어 의심치 않아. 그런 너를 언제나 응원하고 ...(중략)

　단상에 올라가 윤경아, 나의 친구 윤경아. 라고 부르는 것부터 눈물이 나기 시작했다. 나를 마주 보고 서 있는 저 신부가 사또밥을 함께 먹던 내 친구라는 게 믿기지 않아서, 그리고 또 내 친구가 아름다워서, 감동과 슬픔이 한 번에 밀려와 눈물이 차올랐다. 앞을 보니 윤경도 눈물을 훔쳐내느라 손이 바빴다. 축사하는 내내 마이크를 여러 번 내렸다 올렸다. 꺽꺽대며 장례식장 분위기를 만들 수는 없어 최대한 노력했는데, 후에 들으니 객석에 계신 내빈들도 감동적인 장면이었다 말씀하셨다더라.

윤경은 이제 갓 돌이 된 딸아이를 키우고 있다. 한 번씩 친구에게 딸이 있다는 게 믿기지 않아서 조카를 한참 들여다보고는 한다. 윤경의 귀가 똑 닮은 조카, 그 조카가 열네 살이 되면 "엄마와 이모가 네 나이에 만났단다, 우리는 사또밥을 선생님 몰래 많이 먹었단다, 가수가 되고 싶어 했단다."라는 이야기를 들려주고 싶다. 이건 마치 나비효과처럼 어느 카페에서 옆자리에 앉은 남자와 윤경에게 부린 내 오지랖이 이 귀여운 조카를 만나게 해준 것은 아닐까 하고 생각하면 피식 웃음이 난다.

사람은 보통 자신에게 이득이 되고 유리한 일에만 움직이고 싶어 한다. 윤경에게 나도 처음 보는 남자를 외모만 보고 소개한다는 그 어이없는 발상은 나에게 돌아오는 실질적인 이득이 없음에도 오직 내 친구가 좋아했으면 좋겠다는 마음에 시작된 것이었다. 아니, 윤경이 좋아했으면 하는 바람도 그런 윤경을 보며 행복하고 싶어 하는 내 욕심이었을지 모르겠다. 그런데 이런 지나친 오지랖은 상대가 원하지 않은 일일 경우, 파국을 맞이하기도 하는데 내가 윤경에게 부린 오지랖의 끝은 해피엔딩이기를 바란다.

꾸준한 무례함

　　　　눈앞의 무례함을 어떻게 해결해야 할까. 모른다면 배우면 되지만 알면서도 그런 거라면 그것은 간단한 문제가 아니다. 그래서 어린아이들에게 관대하며 용서의 기회를 준다. 그러나 어른이 되어 알 것 다 알면서 잘못을 했을 때 가해지는 시선과 평가는 더욱 가혹하다. 나잇값이란 말은 이런 맥락에서 나온 말이 아닐까. '그동안 안 배우고 뭐 했냐는 말'은 차라리 낫다. 알면서 일부러 그러는 것만큼 인간이 약은 것이 또 있을까. 그래, 안타깝게도 현실에서는 알면서 모르는 척 저지르는 일이 더 많다.

언젠가 출판사에서 출간 제의 메일을 받은 적이 있다. 함께 작업하고 싶은 마음에 먼저 제안을 하는 입장이라면 적어도 작가의 이름은 정확히 알고 있어야 하는 것 아닌가. '손헌녕 작가님께' 첫 줄에서는 오타인 줄 알았다. 그런데 다음에 나오는 이름, 그다음에 나오는 이름, 마지막 인사에서까지 나는 쭉 '손헌녕'이었다. 무례하다고 느꼈다. 하지만 이건 분명 담당자가 모르고 한 실수였을 것이다. 비즈니스에서 꼼꼼하게 확인해야 하지 못한 실수가 상대에게 무례함으로 다가올 수 있다. 그래서 크게 속상했지만 그리 화가 나진 않았다. 이건 정말 몰라서 그런 거니까. 일부러 '현녕'인 걸 알고도 나를 기분 나쁘게 하려고 '헌녕'이라 한 것은 아닐 테니까. (혹시?)

하지만 속이 훤히 들여다보이는 영악함 앞에는 혀를 내두른다. 우리는 사회생활을 하다 보면 다양한 인간 군상을 마주한다. 그중에 가장 꼴불견은 강약약강, 내유외강형 인간이라고 할 수 있다. 약한 자 앞에서 한없이 기세등등해지고 몸을 크게 부풀려 센 척을 하고 강한 자 앞에서 바닥을 핥을 기세로 납작 엎드려 절을 한다. 언제든 기회를 살피고 자기와 상관없는 일에는 본 것도 못 본 척, 들은 것도 못 들은 척해버리기 일쑤다. 친밀함을 앞세워 무례한 줄 알면서도 과한 부탁을 하고 거절하면 뒤돌아 사람을 모아 욕을 하기도 한다. 이런 인간상에 비하면 앞서 말한 몰라서 저지르는 무례함은 귀여운 애교이며 사랑스럽기까지 하다.

행복은 받아들이는 사람의 것이라 했다. 극악무도 요지경인 세상에 살면서 이런 사람 저런 사람을 보면서 내가 무엇에 눈과 귀를 둘지는 내 선택에 달렸다. 무례한 사람이 있다면 또 어딘가에는 반짝반짝 빛나는 좋은 사람들이 있다. 오히려 내가 실수하는 일은 없는지, 또 확인하고 다시 한번 나를 돌아보는 계기를 주니 참 고마운 사람들이다. 자기반성, 자기 객관화를 잘 하는 사람이고 싶다. 마음 한편에 너그러움과 여유로움을 항상 지니고 있다가 세상 속의 무례함을 만났을 때 나와 상대를 보호할 완충제로 쓰면 좋겠다. 그것이 꾸준한 무례함 앞에 나를 잃지 않고 살아남을 수 있는 방법일지도 모른다.

돌다리를 어떻게 건너세요?

어렸을 때부터 엄마는 나를 어디에 소개할 때면 "얘가 애살이 없어가지고"라는 말을 자주 했다. 애살은 경남 방언인데 표준어로 '의욕' 쯤으로 통한다. 지금 나를 조금이라도 아는 사람들은 말한다. 행동 대장, 하고잽이, 추진력, 불도저 이런 수식어가 잘 어울린다고. 그런 나에게 이제 '애살 없다'라는 말은 남의 집 강아지 이름을 부르는 것과 비슷하다. 생각이 나면 당장 행동에 옮기고, 일단 행동을 해보고 책임지는 자세로 삶을 대한다. 왜 엄마는 어렸을 적 나를 애살 없는 아이라고만 생각했을까.

나서서 이것저것 시켜 달라 말하고, 싫고 좋고

내 의사를 확실히 밝히는 딸로 자라길 바랐을 것이다. 어느 집 딸은 먼저 손 들고 반장 시켜 달라고 말하고, 피아노를 배우고 싶다고 조르고 그랬을 것이다. 엄마 눈에는 시키면 시키는 것만 하고 그것마저 마음에 안 들면 그만둬 버리는 딸을 보고 아쉬운 마음이 컸나 보다. 정확히 '애살'이 무슨 말인지는 몰라도 그게 나에게 없다고 하니까 스스로를 모자란 사람이라고, 그래서 더 노력해야만 하는 사람으로 생각했다.

그게 오히려 반작용으로 나를 움직이게 할 자극제가 되었을까. 하고 싶은 것이 있으면 먼저 표현하고 저지르고 보는 것으로 해소했다. 남들은 돌다리를 두들겨 보고 건너는데, 나는 강을 건너야겠다는 생각이 들자마자 일단 돌다리 위에 뛰어 보고 나서 생각했다. 그 돌다리가 무너지면 홀딱 젖은 채로 다시 뭍에 돌아가거나 다음 돌다리는 괜찮을 거란 기대로 다시 올라서는 꼴이었다.

돌다리를 하도 두들겨 돌다리가 없어져서 못 건너는 나와 정반대의 친구는 이런 나를 부러워했다.

"너처럼 그렇게 일단 시작이라도 하면 실패해도 그 안에서 배우고 발전이 있는데, 나는 시도 자체가 무서워." 그럼 나는 말했다. "난 내가 저질러 놓은 것들 뒤치다꺼리하다가 인생이 끝날 것 같아. 뭐 하나 즐겨보지도 못 하고 말이야." 무엇이든 적당한 게 좋고, 선택할 수 있는 여지가 많을수록 불안은 줄어드는데 나와 내 친구는 오직 하나 극단적인 것밖에 없으니 괴로움은 당연했다.

이제 와서 나를 이렇게 만든 것은 엄마라고 말하고 싶은 것은 아니다. 어쩌면 내가 타고난 기질과 성정이 이랬던 것인데 꾹 숨기고 있어 엄마는 그걸 모르셨던 것일 뿐일지도. 그래서 자꾸만 나는 내가 궁금하다. 왜, 이렇게 아무것도 하지 않아도 괜찮다는 걸 머리로는 알지만 몸으로는 모를까. 무엇이 그토록 불안하기에 무언가 해야만 갈증을 해소할까. 이런 나를 보고 친구 진환이 한 말이 떠오른다. "정말 이거 안 하면 죽을 것 같다 싶을 때, 그걸 딱 한 번만 하지 말아봐." 진환의 말은 한 번도 지켜진 적이 없다. 정말 하고 싶은 일을 꾹 참아 보는 것, 어쩌면 내 평생의 숙제이자 수련이 될 것이다.

무엇을 고를 수 있나요?

성숙한다는 건 세상에 내 마음대로 되는 것이 많지 않다는 걸 알아차리는 과정일지도 모르겠다. 내 마음대로 할 수 있는 건 고작 메뉴를 정하거나 어떤 책을 읽을지 고르는 것, 아침에 어떤 옷을 입고 나갈지 정할 수 있는 정도일 테니까. 아니, 뭘 입을지 어떤 머리 스타일을 할지 정하는 것조차 내가 속한 사회 구성원으로서 지켜야 할 선 안에서 고를 수밖에 없다. 정해진 것들 안에서 또다시 수많은 옵션을 따르고 그나마 최선의 선택을 해나가는 것이 우리의 인생이라면 잘 사는 삶이란 남들보다 고를 수 있는 옵션의 가짓수를 늘려가는 것 아닐까. 나는 선택의 여지가 많은 생이고 싶다. 하기 싫은 일을 하지 않는 것에서 하고 싶은 일은 자유롭게 할 수 있는 삶으로 나아가는 것을 삶의 지향점으로 두고 싶다.

끊임없이 세상과 힘겨루기를 하고 내가 속한 사회 안에서 나를 지키기 위한 노력을 한다. 그게 처세술이고 삶의 지혜일 텐데, 매번 나는 그것이 부족함을 느낀다. 생각을 많이 해야 한다. 직설적으로 홧김에 내뱉는 말과 행동이 가장 위험함을 알고 있다. 그래서 순간의 감정을 알아차리려 노력한다. 알아차리지 못하고 순간 감정에 의해 나가버린 말과 행동은 화를 키우는 작은 불씨가 되므로 항상 조심해야 한다. 내 인생의 옵션을 늘리는 방법 중 하나는 관계 처세술, 더 구체적으로 말을 예쁘게 하는 것에 있다.

꼭 해야 할 말이 있을 때 다시 한번 생각한다. 결국은 내뱉어질 말이더라도 '아' 다르고 '어' 다르니 어떤 말로 예쁘게 포장했을 때 서로에게 충격이 덜 할 수 있을까 고민한다. 매번 업무 메일을 주고받을 때마다 생각했다. 언젠가 업무와 관련하여 금액 협의를 마치고 확인 메일을 보내는데 '1,000부인쇄, 00만원 맞죠?' 이 스무 글자도 안 되는 한 줄이면 되는 것을 '안녕하세요, 대표님. 좋은 하루입니다. 지난번에 보내주신 메일 잘 받았습니다.'라는 인사부터 시작하여 이렇게 합의에 이르기까지 감사했다는 인사와 함께 핵심 이야기를 쓰고 마지막 인사까지 예쁘게 마무리 짓는 일로 용을 써야 한다는 것이 꽤 피곤하지만 어쩌면 세상을 살아가는 요령이 아닐까 싶었다.

사무적인 일에서는 군더더기 없이 예의를 차려 명확하게 표현하고, 부탁하는 입장일 때는 최대한 상대를 치켜올려 세우며 나의 상황을 여실히 드러내고, 거절하는 상황일 때는 미안함과 함께 그 이유를 납득할 수 있도록 과장 없이 설명해야 하는 것이다. 대개 우리가 주고받는 결정적인 말의 의미는 yes or no임에도 관계 유지를 위하여, 서로 기분 상하게 하지 않으려 부단히 노력하고 애쓴다. 그래서 말 한마디에 천 냥을 갚고 말 한마디에 사람을 죽이고 살린다는 말을 하나보다.

내 마음대로 되는 것이 별로 없는 곳이 사회라

면 그런 사회 안에서 생활하는 방식이란 결국 내가 원하는 것을 얻어내기 위해 얼마나 지혜로운 말로 사람을 꼬여내고 설득해 내는가에 달린 것이다. 하고 싶은 말의 의도는 명확하되 기분 나쁘지 않게 정중할 수 있는가. 내가 원하는 것을 얻어내는 동시에 관계의 평온함을 유지할 수 있는가. 이렇게 지혜로운 어른이고 싶다. 처세술에 능한 어른, 살아가는 지혜와 여유로 사소한 것에 겁먹지 않고 내가 나 하나쯤은 지켜낼 수 있는 그런 어른이고 싶다.

하나 분명한 것은 하루아침에 그런 성인은 만들어지지 않고 부딪혀 가는 일련의 과정 안에서 갈고 닦여 만들어지는 것이다. 나이를 헛먹지 않았으면 좋겠다. 나이를 아깝지 않게 먹고 싶다. 허투루 보내는 일 년이 아니라 부딪히고 겪으면서 단단해진 내가 되면 내 삶을 방어할 수많은 여지들이 늘어날 거라 믿는다. 나날이 친절하고 솔직한 어른이 되었으면 좋겠다. 언젠가 이 모든 것을 이겨냈다는 게 자랑스러운 날이 왔으면 좋겠다. 하기 싫은 것은 하지 않으면서 하고 싶은 것들을 골라서 할 수 있는 것을 뛰어넘어 누군가에게 그런 여지를 나눠줄 수 있는 사람이 되어 있기를 바란다.

고기도 먹어본 놈이 먹는다

사람을 만날 때 한 명 한 명 잘 골라서 만나는 것이 여럿 아무나 만나는 것보다 더 중요하다고 생각합니다. 왜냐하면 말이에요? 사람은 그 직전에 만난 경험을 바탕으로 다음을 고르게 되거든요. 예를 들어 봅시다. 조금 극단적으로 말이에요. 이전에 만난 남자친구가 바람을 피웠던 사람이에요. 그러면 다음 남자친구를 고를 땐 바람피우는 남자는 절대 안 돼. 라고 당연한 것을 또 하나의 기준으로 집어넣게 된다는 말이지요. 만약 거짓말을 밥 먹듯이 했어요. 그러면 또 누군가에게는 당연한 기준인데 아, 정말 거짓말하는 사람만큼은 안 만나고 싶어. 거짓말만 안 하면 돼. 가 되어버립니다.

'고기도 먹어본 놈이 먹는다'라는 말 있잖아요. 비슷한 결의 이야기입니다. 반대로 좋은 것을 보고 좋은 것을 먹고 좋은 것을 입으며 좋은 사람들을 경험하면 그 비슷한 수준의 것들을 자꾸 원하게 됩니다. 원하면 찾게 되고 찾다 보면 그 비슷한 언저리까지라도 가게 됩니다. 그래서 하나, 하나 무엇을 내 옆에 두고 내가 무엇을 즐길 것인지 잘 선택하는 것이 중요합니다. 줄줄이 쓴 위의 이야기를 두 글자로 정리하면 '안목'이겠지요.

그래서 경험치가 중요합니다. 좋은 안목을 가지려면 좋은 것들을 경험해 봐야 합니다. 계속해서 좋은 것을 경험하려고 노력하고, 그 속에서 어쩌다 똥을 밟는 불상사가 있어도 한 번으로 족하며 멀리서 똥냄새만 나도 도망갈 수 있는 것이 바로 안목입니다. 좋은 것을 고르는 안목! 나쁜 것을 피해 갈 수 있는 것이 안목입니다. 여기서 좋은 것이라는 게 비단 비싼 것만 있지는 않겠지요. 적어도 물건뿐 아니라 모든 면에서 싸구려나 짝퉁, 뽕짝은 최대한 피하고 싶습니다.

싸구려란 무엇인고 하니 귀한 것의 반대이지 않습니까. 귀하지 않은 것, 특히나 사람으로 따지면 스스로를 귀하다 생각하지 않는 사람이 아닐까요. 스스로 싸구려가 되지 않고 스스로를 귀하다 여기며 남을 귀하게 여길 줄 아는 그런 사람이 되어 그런 사람을 만나면 좋겠습니다. 그런 사람을 알아볼 줄 아는 것이 안목일 것이고 내가 먼저 그런 사람이 되는 것이 안목을 기르는 첫 번째가 아닐까 하고 생각이 듭니다.

많은 것들이 이렇게 연결되어 있나 봅니다. 좋은 사람을 만나고 싶은 마음, 그 마음을 충족시키기 위하여 필요한 안목, 그 안목을 가지기 위해서 내가 먼저 귀한 사람이 되어야 하고, 또 내가 귀한 사람이 되기 위해서는 절대적으로 내 마음을 들여다볼 줄 알아야 한다는 것. 친절하고 다정하며 세심한 사람들이 잘 사는 세상이면 좋겠다고 저는 생각하는데요. 그런 사람들이 곧 고급진 안목을 가진 사람들이라 생각합니다. 고기도 먹어본 놈이 먹는다고 했지요? 좋은 것만 찾아갑시다. 나를 낮춰서까지 망치지 말고요. 좋은 것을 향합시다 우리.

공간은 그 주인을 닮는다.

보부상이라는 말이 딱 맞겠다. 책 몇십 권을 등허리에 이고 지고 행사가 열리는 지역마다 찾아다니며 책을 판매한다. 보통 이틀 이상 장이 열리니 꼼짝없이 숙소를 구해야 한다. 특유의 락스 냄새가 찌들어 있는 모텔 방은 선택지 중 가장 마지막에 둔다. 가장 좋은 것은 단연 호텔일 것이다. 비싸고 깨끗한 호텔은 응당 지불한 금액만큼 서비스를 받고 편하게 쉴 수 있어서 주머니 사정만 괜찮다면 두말할 것 없는 선택지다. 그다음은 에어비앤비가 있다. 모텔을 피하자니 호텔보다는 저렴하면서 개인이 꼼꼼하게 관리해 둔 에어비앤비를 갔을 때, 내 집이 아니지만 내 집 같은 편안한 착각에 빠져들 수 있어 좋다.

사실 호텔, 에어비앤비, 모텔, 여인숙 여러 숙박업소보다 더 좋은 것은 친구네 집이다. 행사를 하는 그 지역에 친구가 살고 있다면, 그리고 그 친구가 나를 재워주는 것에 거리낌이 없다면 그것만큼 좋은 숙소는 없다. 숙박비를 아낄 수 있는 장점도 있지만 밤을 함께 보낸 사이에 생길 수 있는 그 친밀함이 사실 나는 가장 좋다. 자신의 집, 은밀한 방을 보여준다는 것은 자기 마음 안에 들어올 수 있는 고유한 열쇠를 쥐어주는 것과도 같다. 그 열쇠는 아무나에게 쥐어주지 않는 사람이 좋다.

그래서 그 친구의 방에 들어갔을 때, 밖에서만 알던 친구의 더 깊은 내면이 사소한 물건과, 가구의 모양, 쌓여있는 책들, 벽에 붙어있는 사진이나 메모들로 표현되어 있는 것을 구경하는 것을 좋아한다. 이렇게 각 지역으로 여기저기 다니며 친구들 집에 신세를 져보니 신기하게도 그 공간을 보면 그 친구와 똑 닮아 있다는 걸 알게 되었다. 어쩌면 그 방에 들어서자마자 은은하게 퍼지는 향까지도 저마다의 주인을 떠올릴 수 있을 만큼 말이다.

작고 네모난 방안에 무엇을 두고 무엇을 뺄 것인지, 어떤 색의 이불을 쓰고 어떤 식물을 키울 것인지, 그릇은 어떤 재질을 선호하며 어떤 색과 모양을 쓸 것인지, 방의 벽은 비워둘 것인지 포스터를 붙일 것인지, 사진을 많이 붙여놓는지, 일러스트를 많이 붙여놓는지, 쌓여 있는 책들의 종류는 어떤 갈래를 선호하는지, 화장실에 놓여있는 세면 제품들의 향은 무엇을 선호하고 있는지 이런 사소한 모든 선택들이 그 주인을 향하게 된다.

나는 친구의 집에서 잠을 잘 적마다 자기 전 몇 분은 친구와 이야기를 나누며 그 집의 천장을 뚫어지게 바라본다. 그 몇몇의 천장들이 생각난다. 천장을 떠올리면 그 비어있는 천장 속에 친구의 소중한 공간이 그려지고, 그러면 그 속에 앉아있을 친구들의 모습을 볼 수 있다. 그리고 동시에 나는 내 공간 속에 있다. 내 방을 다녀간 친구들은 어땠을까. 그저 지저분했다고만 떠올릴까 봐 불안한데? 일단 그래, 방 청소를 좀 해야겠다.

아는 척을 해도 될까요?

나는 여기저기 깔짝거리고 기웃대는 걸 좋아하면서도 한 번 마음에 드는 것이 있다면 질릴 때까지 그것을 취하는 성향이 있다. 이것저것 안 해 본 운동이 없지만 그러다 지금 수영을 만난 것처럼 하나에 푹 빠지면 끝을 보고야 마는 것처럼 그것은 운동, 음식, 책, 영화 등 어느 분야에서든 가릴 것이 없다. 카페도 유목민처럼 여기저기 다녀보다가 내가 생각하는 최적의 카페를 만났을 때는 그곳이 집에서 얼마나 멀든 간에 계속해서 찾게 된다.

지난 토요일, 자유 수영을 다녀와서 귀리 우유가 들어간 라테 한 잔이 생각나 자주 찾는 카페에 갔다. 집에서 꽤 먼 거리지만 좋아하는 책방과 가까이 있어 책도 두어 권 사서 카페에 들어섰다. 그런데 입구에서 가까운 자리에 어떤 여성 한 분이 테이블에 팔꿈치를 세우고 책 한 권을 높게 들어 꽤 빠져든 표정으로 책을 읽고 계셨다. 자연스레 책 표지에 눈이 갔는데 회색의 희끄무레한 것이 여자 얼굴이 콜라주 기법으로 조합되어 있고, 뒤표지는 여자의 뒷모습이 있는 그런 표지로 매일 내가 보는 익숙한 책인가 싶었다. 조금 더 시선을 두고 보니 그것은 내가 쓴 〈이토록 안타까운 나에게〉였던 것이다.

심장이 두근두근했다. 꿈에서나 본 듯 묘한 기시감이 들면서 동시에 현실성 없는 일인 것처럼 느껴졌다. 누군가 내 책에 대해서 묻거나 독자들의 반응에 대해 물어오면 사실 나는 어딘가 멍해지는 기분을 느낀다. "제가 책을 다섯 권이나 쓰고 또 여러 작가분들과 공동 작업을 했지만 그것을 보고 있으면 제가 아닌 남이 다 해놓은 것 같아요. 그래서 저는 제가 낸 책을 다시는 잘 읽어보지 않아요. 남의 것 같아서요." 언젠가 이런 이야기를 한 적이 있다. 작가라 불리는 일이 스스로 부끄럽다 여긴 적이 많앉던 내가 책을 꾸준히 낸 지 6년이 되어가니 이제쯤 익숙해지나 싶었는데, 내 책을 읽고 계신 독자님을 뵙게 되니 다시 나는 어딘가로 숨어들고 싶은 기분이었다.

그리고 얄팍한 상상을 했다. 내가 만약 어느 한가로운 주말에 카페에 앉아 좋아하는 책을 읽고 있는데 갑자기 누가 옆에 와서 말을 건다. "저기, 제가 이 책을 쓴 작가인데요. 재밌게 읽고 계신가요? 혹시 제가 사인을 해드려도 괜찮을까요?" 그럼 나는 아마 일생의 행운이라 생각하며 감격할지도 모른다고, 그 신기하고 감동적인 순간을 오래 할머니가 되어서도 기억하게 될 거라고 말이다. 그러니 지금 내가 할 일은 저기 앞에서 내 책을 읽고 있는 독자에게 다가가 "안녕하세요, 제가 이 책을 쓴 작가입니다."라고 인사를 하는 것이 저 독자님의 인생에 행복한 순간을 선물해드릴 수 있는 기회가 아닐까 하고 생각했다.

그런데 만약 '아니, 이 책 별론데? 일단 산 거니까 돈 아까워서라도 끝까지 읽자.'라는 속마음으로 읽고 계신 거라면 누가 저벅저벅 다가와 작가라고 한들 그게 그리 반가울 일은 아닐 거란 생각에, 그리고 소중한 독서 시간을 방해해서 더욱 그 작가가 미워하게 되지 않을까 하는 앞선 염려로 나는 주저하고만 있었다. 이 당장의 고민과 신기한 상황을 메신저로 친구에게 전했는데 친구는 90년대 술집에서나 일어날 법한 묘안을 던져주었다. 카페 사장님께 부탁하여 익명으로 케이크 한 조각을 보내라는 것이다. 그래서 케이크를 받아 든 독자님이 주변을 둘러볼 때, 나는 내 자리에서 느끼한 눈으로 살짝 웃으며 내 커피잔을 들어 보이는 것이다. 턱을 약간 건방지게 들고서 말이다.

'갑자기 다가가 말을 거는 것도 이상하고, 익명으로 케이크 보내기는 더욱 이상하고, 그럼 어떻게 하면 좋을까?' 하고 나는 내가 이 카페에 와서 책을 읽고 글을 쓰려던 모든 목적을 다 잃어버리고 오로지 내 책을 든 독자와의 만남에 대해서만 생각에 빠져있었다. '지금 말을 걸어 사인을 하고 나면 그 뒤에는 어떻게 할까, 저분은 뻘쭘하여 도망가듯 나 때문에 카페를 떠나셔야 하면 어떡하나. 아니, 그러면 자리 정리하고 나가실 때 말을 걸어볼까. 아, 그래 그게 좋겠다. 어? 근데 책을 덮으시네? 어? 이제 자리를 정리하시네? 어? .. 어?'

소심함과 걱정에 휩싸여 용기를 내지 못하고 어버버하는 순간 그 독자님은 자리를 정리하셨다. 그 사이에 내가 하도 쳐다봤던 시선이 느껴지셨는지 조금은 불편한 눈으로 나를 쳐다보셨다. 하긴 카페에서 책 읽는데 누가 뚫어져라 내가 읽는 책과 나를 동시에 쳐다보면서 무슨 생각을 하는지 심각한 표정으로 앉아있으니 그것이 얼마나 불편하셨을까. 괜히 죄송한 마음이 들었다. 그렇게 자주 가는 카페에서 〈이토록 안타까운 나에게〉를 읽고 계시던 독자님은 결국 직접 인사드리지 못하고 보내드렸다.

'나는 이렇게 해주면 좋을 것 같은데.'라는 주관적인 기준에서 내 행동을 결정했다. '나는 이런 표현을 들으면 기분이 좋더라!' 하는 것이 있으면 내가 좋아하는 사람에게 그 표현을 서슴없이 했다. 그런데 그게 꼭 타인의 기준과 일치하지 않아서 내 호의가 과한 부담으로 곡해될 때 나를 돌아보게 되었다.

그러면 자꾸 행동과 말이 조심스러워지는 것이다. 나는 내가 읽는 책의 작가가 먼저 다가와 인사를 건네고 사인을 해주면 그 순간이 행복할 것 같지만 또 다른 누구에게는 그 작가가 그저 책 속에 머물러있어 주기를 바랄 수도 있지 않은가. 이 글을 읽고 계실 독자님께도 묻고 싶은 바다. "제 책을 읽고 계신 모습을 뵌다면 제가 먼저 아는 척을 해도 될까요?"

공감대라는 게

 공감대라는 게 사람과 사람을 이어줄 수 있는 가장 큰 무기 아니겠습니까. 같은 관심사와 취미가 있다면 친해지기가 쉽습니다. 그래서 누군가와 가까워지려 애써 싫은 것도 좋은 척하기도 하지요. 예쁜 노력으로 보거나 소름 돋는 실체로 볼 수도 있겠습니다. 가장 친해지기 쉬운 방법은 '뒷담'을 함께 나누는 거라 하지 않습니까. 아마도 공감대 중에서도 나쁜 것을 함께 하면 더욱 그 결속력이 단단해지기 때문이 아닐까 싶은데요. '어쩔 수 없다. 너는 이미 나와 한배에 탔다. 네가 불면? 나도 분다.' 뭐 극단적으로는 이런 마음에서 서로에게 마음을 한 칸 내주는 것 같습니다.

지금, 내가 있는 곳에서 마주하는 사람들과 공감대를 만들고 삽니다. 매일 보는 학교 친구들, 회사 사람들, 가족들. 끊임없이 이야기가 만들어지는 것은 그 공감대가 있기 때문입니다. 그 안에서 서로를 이해하고 또 다름을 발견하기도 하겠지요. 학교에서 기간제 교사로 일을 할 때는 선생님들과 학교 아이들 이야기를 주로 나누며 친해졌습니다. (교장, 교감 욕을 하면 더 빨리 친해질 수 있습니다.) 그리고 학원에서 일할 때는 학원생들과 학부모 이야기를 나누며 친해졌습니다. (학원 원장 욕을 하면 더 쉽게 친해질 수 있습니다.)

이렇게 친해지고 나면 조금은 착각을 하기도 합니다. 그 친해진 공감대에서 멀어져도 우리는 친할 수 있을 거라는 것 말이에요. 저는 학원에서 일할 때 알게 된 선생님들과 제2의 단짝 친구를 만난 것처럼 친하게 지냈습니다. 고생하며 오래 일한 학원을 퇴사하고 나서도 꾸준히 선생님들을 만나고 자주 연락을 했지요. 그런데 그 학원에서 한 사람 두 사람 퇴사를 하고 나니 이제 더 이상 만나도 요즘 근황 말고는 재밌게 맞장구를 치며 떠들만한 공감대가 없는 거예요. 심지어 나이 차이도 꽤 나니 우리 사이의 거리는 점점 더 멀어졌습니다.

 이 공감대 유실은 어릴 적 친구라고 피해 가진 않습니다. 오히려 학창 시절의 친구는 어른이 되어 만나면 과거의 추억팔이를 하느라 바쁩니다. 오히려 현재를 공유하는 친구들과 더 재밌는 현재를 나누게 되지요. 점점 취향과 관심사가 비슷한 사람들끼리 모이고 뭉치고, 오래된 사이라 하더라도 나눌 것이 없으면 그 사이에 거리가 생기기 마련인가 봅니다. 이것은 친구가 결혼을 하거나 아이를 낳으면 피부로 더 잘 느껴집니다. 밤새도록 통화를 하고 주말이면 만나서 맥주를 마셨던 친구에게 남편과 아이가 생기니 자연스레 멀어지고 만나서도 할 이야기가 줄어 갑니다. 그렇게 먼저 결혼한 제 친구도 미혼인 저보다 주변에 결혼하고 아기를 낳아 키우는 다른 엄마들과 공감대를 쌓으며 더 친해지겠지요. 어쩌면 관계라는 게 멀어지는 것은 자연스러운 일이라 생각합니다.

 이런 것에 마음을 많이 쓰던 때가 있었습니다.

괜히 멀어지는 게 아쉽고 예전 같지 않은 사이에 과거의 좋은 시간들까지 퇴색되지 않을까 염려했습니다. 그런 고민을 듣고 저희 엄마가 한마디 하셨어요. "그렇게 환경에 따라 멀어질 것은 멀어지고 또다시 가까워질 때 되면 가까워진다. 사는 게 다 그렇다. 그래서 남한테 상처 주지 말고 잘 헤어지는 게 중요하다. 다시 만날 수 있는 세상이니까. 그리고 어릴 적 친구들은 나이 오십 먹고 더 친해지게 된다. 너희처럼 서른 중반 이럴 때야 결혼하고 애 키운다고 못 보지만 다 키워놓으면 또 그때대로 다시 만날 수 있으니까. 너무 마음 쓰지 마라."

저는 서른 중반의 딸로 오십 살까지 살아봐야 알 일이지만 엄마 말을 믿고 서서히 멀어지는 친구들을 그것대로 받아들이게 되었습니다. 아마 이런 걸까요? 고등학교 때 친했던 친구와 서른셋이 되어 우연히 밥을 먹게 되었는데요. "현녕아, 내가 이번에 부산 내려와서 스무 명이 넘게 친구들 사람들을 만났는데 그중에 너 만나고 나서 생각이 제일 많이 나더라. 이만하면 우리 그동안 참 잘 살아왔다 그치? 아쉬운 이야기 뒤로 하고 우리 다음에 또 만나서 맛있는 거 먹고 이야기 나누자!"

 서울에서 잠시 부산 본가로 내려왔던 친구가 저를 만나고 다시 서울로 돌아가며 보내온 메시지였어요. 영영 멀어져서 못 볼 것만 같았는데 세월 따라 부는 바람처럼 이렇게 가까워질 수도 있나 봅니다. 그러니 엄마 말처럼 헤어질 때 잘 헤어지는 것이 참 중요하다는 생각을 합니다. 독자님과 저는 글로 만났지만 제가 글을 쓰지 않거나, 독자님이 제 글을 읽지 않으시면 우리 사이에는 공감대가 없어 멀어지기도 하겠지요. 그러다 어느 날 또 글과 마음이 닿아 마주할 수도 있을 것이고요. 헤어질 때는 헤어짐을 잘 합시다. 만날 때 애를 쓰듯, 헤어질 때도 애를 써요 우리. 언제고 바람 따라 세월 따라 다시 만나도 반가울 수 있게 말이에요. 멀리 보면 아무것도 아닌 일들입니다. 아쉬워 말고 행복하게 공감하며 살아요.

소현녕

작가소개

그런 줄도 모르고 그런 채 살았다. 그런 줄을 알게 된 어느 때부터 글을 쓰기가 어려웠다. 차라리 아무것도 모르고 천지 분간을 하지 못할 때 무식이 용감하다며 마음을 쏟아냈다. 나는 다시 시작점에 섰다. 마음의 길을 따라 다시 서사를 쓰려고 한다. 한 번도 가지 않은 길을 가려는 용기보다 실패한 일을 다시 시작하려는 마음에 더 큰 용기가 필요하다는 걸 깨달았다. 다시금 글로써 극복하고 싶다.

부산에서 아이들에게 국어를 가르치고 강연을 하며 글을 씁니다.

<순간의 나와 영원의 당신>, <나는 당신을 편애합니다>, <이토록 안타까운 나에게> 외 다수의 독립출판물을 출간했습니다.

Instagram @momentary_me

멋있게 좀 살자 우리

멋있게 좀 살자 우리
STORAGE BOOK & FILM series #15

글 손현녕

편집 **오종길, 손현녕**
디자인 **김현경**

펴낸곳 **STORAGE BOOK AND FILM**
홈페이지 **storagebookandfilm.com**
이메일 **juststorage.press@gmail.com**

instagram **@storagebookandfilm**

초판 1쇄 **2023년 10월 20일**
초판 3쇄 **2024년 6월 1일**

*이 책의 내용의 전부 또는 일부를 재사용하려면
펴낸곳을 통해 저작자의 동의를 받아야 합니다.